教學指引

全新版

# 華語

第三冊

流傳文化事業股份有限公司
http://www.chlearn.com

# 編輯大意

一、本指引依據華語課本分冊編輯，共十二冊，供教師教學參考之用。

二、本指引體例分為兩部分：

㈠單元導讀：在教學指引增列單元導讀，以感性的筆調，引導進入大單元的核心。

㈡各課教學指引包括：

1. **聆聽與說話**：以趣味的遊戲帶動孩子學習語文的興趣；再以課文情境圖讓兒童練習說話，最後過渡到概覽課文。

2. **閱讀與識字**：讓學生提出詞語，進行詞義、字形的教學。

3. **閱讀與寫作**：藉著課文的深究，對話的練習，形式的深究，讓學生明白句子的結構，文章的結構。

4. **教學資料庫**：提供了習作解答參考，及相關的語文補充資料，供教師參酌使用。

三、本書所提供的教學流程與方法，只作示例參考；教師可掌握教材內容及意旨，並根據當地學生年齡、程度、學生學習時間做調整。

四、本書的國字注音依據教育部編印的「國語一字多音審訂表」，筆順則依據教育部編印的「常用國字標準字體筆順手冊」編輯而成。

五、本書如有疏漏之處，尚祈各校教師提供寶貴意見，俾供修訂時參考，謝謝您。

# 全新版華語教學指引 第三冊


第一單元 夏天

一 茶和可樂 …… 4

二 青蛙唱歌 …… 12

三 夏天誰最紅 …… 20

第二單元 有趣的對話

四 泡溫泉 …… 32

五 蜘蛛先生的網 …… 42

六 牛回家了 …… 50

第三單元 過節

七 做賀年卡 62
八 紅包 70
九 陽光來拜年 78

第四單元 不一樣的日子

十 安安的一天 88
十一 上街 96
十二 小熊散步 104

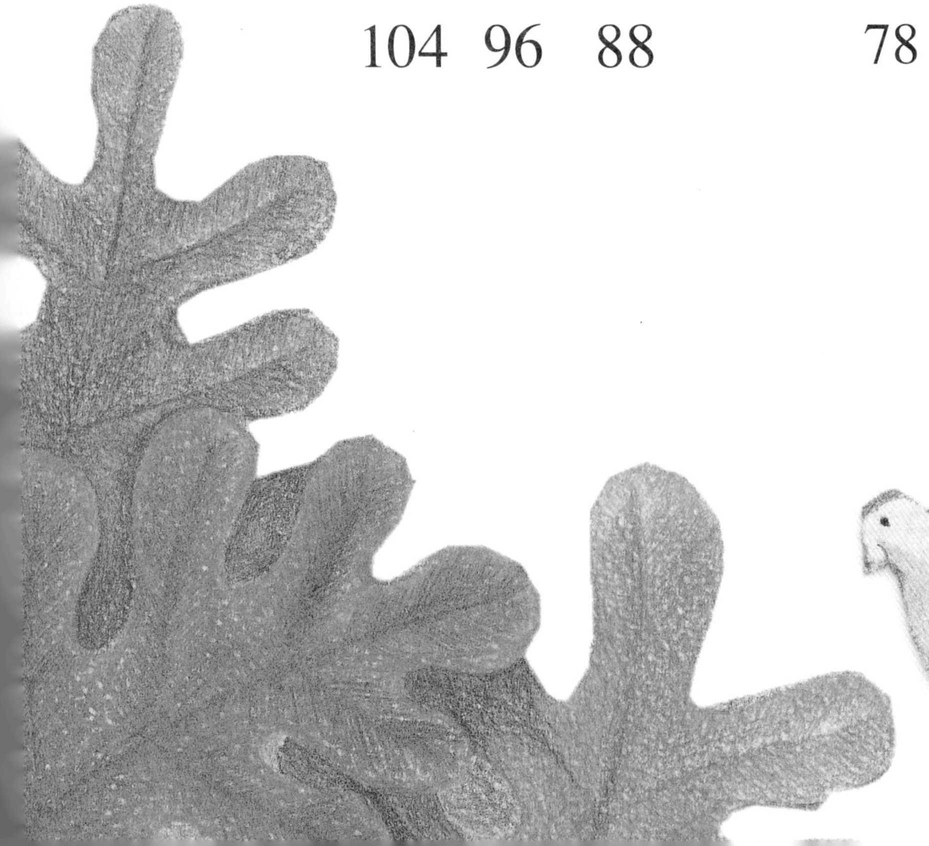

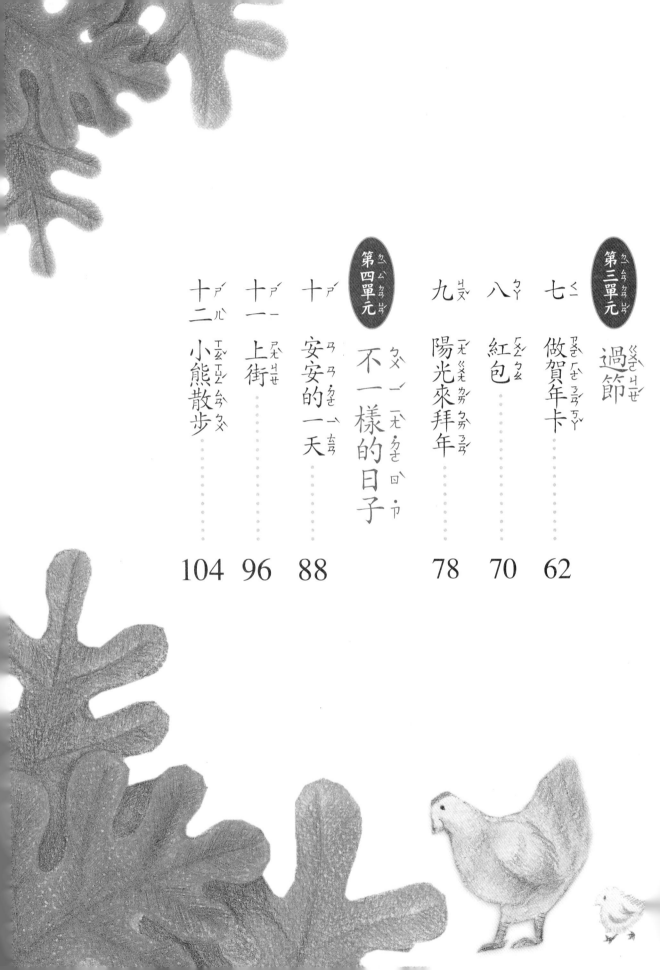

# 總說

## 第一單元 夏天

本單元主題是「夏天」，共分三課把主題凸顯出來，一課是「茶和可樂」，敘述在夏天裡，爸爸和兒子坐在一起看電視，因交換了彼此所喝的茶和可樂，父子之間有了互動。一課是「青蛙唱歌」，青蛙可以說是夏天的特色之一，牠們一叫，大家知道夏天來了。一課是「夏天誰最紅」，把夏天裡最受到注目的太陽、蟬、冷氣機介紹出來。

三課文體有變化，有敘事的記敘文，也有詩歌，取材範圍有人物、動物、物品。其中青蛙、蟬、冷氣機均是兒童所熟悉的。讀了本單元之後，不僅學會記敘文和詩歌的寫作技巧，更能體會夏天的樂趣和特色。

| 一 茶和可樂 | 教材說明 | 教學重點 | 教學建議 |
|---|---|---|---|
| | 1.本課文體是記敘文，以時間——「一個夏天的中午」當開頭。人物很簡單，只有爸爸和兒子兩個人。<br>2.爸爸大都喜歡喝茶，而孩子大都喜歡喝可樂。這是一個大概的描述，父子之間交換喝茶和可樂，以致有了互動。所謂「有爸爸的味道」或「兒子的味道」，這是一種感覺或感受。 | 1.文中使用的句型有：<br>△並列句：（一邊……一邊……）、（有……有……）<br>△承接句：（……於是……）<br>2.注意上下引號的書寫格式，及引號內人稱的變化。<br>3.練習疊字動詞，如喝喝可樂，喝喝茶，看看電視，打打球，能使語詞富有變化。 | 1.可以用「角色扮演」方式朗讀課文，區分出爸爸和兒子的聲音，效果更佳。<br>2.在語文遊戲玩「大風吹」時，老師可以了解兒童在夏天裡喜歡喝什麼飲料？老師能隨機教學，給兒童一些正確的養身之道，將使兒童受益無窮。 |

## 二　青蛙唱歌

| 教材說明 | 教學重點 | 教學建議 |
| --- | --- | --- |
| 1.本課是一首詩歌，押了ㄠ、ㄛ、ㄜ三個韻，讀起來有節奏感，兒童容易琅琅上口。<br>2.夏天到了，青蛙會發出叫聲。本課把青蛙擬人化，「叫聲」變成了「歌聲」，嘓嘓的叫聲聽起來好像「哥哥」，頗具有兒童文學的情趣，引起兒童學習的興趣。<br>3.語文活動中的說一說，是摹聲練習，讓兒童能聆聽也能模仿。 | 1.「擬人化」的寫法，能拉近兒童和青蛙之間的距離，產生一種親切感。<br>2.「嘓嘓」是青蛙的叫聲，本文將它轉化為「哥哥」，增添內容的趣味性。又如羊兒「咩咩」叫，好像叫「妹妹」一樣，是一種摹聲修辭的練習。<br>3.「青蛙唱歌」是一個完整的句子，包括主語和謂語，可舉例教學，如「媽媽買菜」、「哥哥寫功課」。 | 1.詩歌易於朗讀，可以讓兒童個別或分組上臺表演。<br>2.句子的練習，先讓全班兒童朗念一遍，再讓兒童練習仿作。<br>3.「唱」跟「喝」右偏旁筆畫的練習。 |

## 三　夏天誰最紅

| 教材說明 | 教學重點 | 教學建議 |
| --- | --- | --- |
| 1.本課文體是記敘文。每段開頭都用「問答法」，在一問一答當中，把重點表達出來，顯得簡單、明白。<br>2.題目「夏天誰最紅」，意思乃指在夏天裡誰最有用，誰最引人注目。<br>3.語文活動（三）中說一說的練習，舉出冷氣機、電風扇、扇子，是兒童在日常生活中熟悉的東西，聽聽它們訴說對人類有什麼好處，別有一番樂趣。 | 1.文中一再使用「是我，當然就是我，我最紅了，」句子簡單而且有力，是應用了重複修辭，使兒童印象深刻，且容易學習。<br>2.指導兒童學習「一……就……」的條件句。<br>3.指導兒童練習疊字詞，如熟呼呼、氣呼呼。<br>4.語文活動中的「說一說」，讓冷氣、電風扇、扇子都說話了，而且能把自己的特色說得清楚，可讓兒童學習介紹自己。 | 1.語文活動中的「說一說」教材，可以指導兒童上臺演戲，或以「廣播劇」的方式演出。老師將成果錄音下來，再播放給兒童聽，是一種非常有效的學習。<br>2.人稱使用正確，內容才會通順。老師可以參考指引中的補充資料。 |

# 第一課 茶和可樂

## 一、聆聽與說話

### (一)語文遊戲：大風吹

目的：讓小朋友在遊戲當中，練習注意聆聽和認識夏天的飲料。

1. 老師先指導小朋友畫一畫，在夏天最喜歡喝的飲料。每人至少畫出三種。如可樂、冰淇淋、紅茶。
2. 遊戲開始了，老師喊：「大風吹！」小朋友齊聲回答：「吹什麼？」老師說：「吹喜歡喝可樂的人。」口令一下，凡是喜歡喝可樂的小朋友必須趕緊站起來換位置，找不到位置的人，就由他來喊：「大風吹！」這樣依次玩下去，使小朋友在遊戲中能注意聆聽，並認識夏天一些飲料的名稱。

### (二)看圖說話

老師引導小朋友觀察課文內的情境圖，在師生一問一答中，達到「看一看、想一想、說一說」的基本能力。

1. 圖中的兩個人物是誰？
2. 爸爸和兒子坐在一起做什麼？
3. 爸爸一邊看電視一邊做什麼？
4. 兒子一邊看電視一邊做什麼？

5.爸爸為什麼要讓兒子喝一口茶？

6.兒子為什麼要讓爸爸喝一口可樂？

### (三)概覽課文

1.小朋友安靜看一遍課文。

2.老師範讀一遍課文。

3.老師領讀課文。

4.小朋友試讀課文。(個別讀、齊讀、分組讀、輪流讀)

5.小朋友試說內容大意。

## 二、閱讀與識字

### (一)提出詞語

1.小朋友提出本課詞語，教師補充並將所有詞語揭示在黑板上。

2.教師範念之後，一邊領念一邊矯正小朋友發音。可以全體念、分組念或個別念。

### (二)詞義教學

1.**夏天**：一年四季中，天氣最熱的季節。按陽曆的六、七、八三個月，就是夏天。

2. **兒子**：父母所生的男孩。造句說明：李老師有兩個可愛的兒子。

3. **可樂**：一種清涼飲料的名稱，可用實物或圖片說明。

4. **電視**：用實物或圖片示意。造句說明：自從有了電視，有些小朋友都成了電視迷。

5. **喝茶**：老師可以用動作示意，拿起桌上的杯子喝一口，然後說：「我在喝茶。」

6. **一口**：動作示意說明，讓一個小朋友上台喝一口水。

7. **一邊**：動作示意說明，老師讓幾個小朋友上台，把男生、女生分開說：「大家看清楚了嗎？一邊是男生，一邊是女生。」

8. **味道**：提問法說明，如老師問：「媽媽做哪一道菜味道最香？」小朋友回答：「媽媽煮魚時味道最香。」本文中「有爸爸的味道」、「有兒子的味道」，這裡的「味道」是一種感受或感覺。

9. **又**：再的意思，如媽媽說了又說。也可以做連詞用，如弟弟又哭又叫。

10. **於是**：表示順序連接的連詞。造句說明：他想把英文學好，於是常跟外國人說話。

## (三) 字形教學

1. **習寫字：以食指書空練習，也可以讓小朋友上臺試寫。**

樂（木）部　喝（口）部

夏（夊）部　兩（入）部

兒（儿）部　口（口）部

電（雨）部　味（口）部

視（示）部　道（辵）部

邊（辵）部　於（方）部

## 三、閱讀與寫作

### (一)內容深究

引導小朋友回答問題。

1.爸爸和兒子喝的飲料一樣嗎？

2.發生了什麼事，讓爸爸和兒子有說有笑了？

3.你常和家人一起看電視嗎？通常看怎樣的電視節目？

4.看電視時，你喜歡吃什麼或喝什麼？

### (二)練習朗讀課文

1.本課要讀出爸爸和兒子之間的感情，語氣先有點冷漠，後來熱絡起來。熱絡時聲調可以提高一些。

2.可以用角色扮演方式朗讀，區分出爸爸和兒子的聲音，效果更佳。

3.用分組朗讀，也能讀出效果來。

## (三) 形式深究（僅供教師參考）

1. 章法

(1) 本課文體是記敘文。以「一個夏天的中午」——時間當開頭。人物簡單，只有兩個人，就是爸爸和兒子。在交換喝一口茶和可樂之後，兩人之間的互動有了明顯的改變了，結尾很自然的流露出「父子之情」，令人讀了會心一笑。

(2) 研討課文分段大意及全文大意：

分段大意：本課內容按事情發展的情形，分成三段：

第一段：一個夏天的中午，爸爸和兒子看電視，但沒說話。

第二段：爸爸請兒子喝茶，兒子請爸爸喝可樂。

第三段：兩個人看電視有說有笑了。

全文大意：夏天的中午，爸爸和兒子坐在一起看電視，兩個人不說話。因為爸爸喝了可樂，兒子喝了茶，覺得有味道，於是有說有笑了。

(3) 結構分析

**茶和可樂**
- 時間：一個夏天的中午。
- 地點：家裡。
- 人物：爸爸和兒子。
- 開頭：爸爸和兒子坐在一起看電視，但沒說話。
- 經過：爸爸請兒子喝茶，兒子請爸爸喝可樂。
- 結尾：爸爸和兒子看電視有說有笑了。

(4)主旨：家人之間，能互相包容或欣賞，會相處得更愉快。

2. 句子練習

(1) 一邊……一邊……

原文：爸爸一邊喝茶一邊看電視。

練習：妹妹一邊看電視一邊說話。

(2) ……於是……

原文：喝了茶和可樂之後，於是爸爸和兒子有說有笑了。

練習：哥哥上學快遲到了，於是坐計程車到學校。

(3)疑問句練習

原文：兒子，喝喝茶好嗎？

爸爸，喝喝可樂好嗎？

練習：兒子，你今天晚上吃什麼？

爸爸，看到我的球嗎？

3. 詞語特色

(1)疊字詞

原文：喝喝茶

喝喝可樂

說說笑

練習：吃吃魚

吃吃水果

慢慢跑

(2)四字語詞

原文：有說有笑

練習：有大有小

有花有草

# 四、教學資料庫

## (一)語文活動解答參考

1. 第六頁：我和姐姐坐在一起吃飯。

安安和美美坐在一起唱歌。

2. 第七頁：弟弟一邊看書一邊聽音樂。

有了三天的假期，於是爸爸和兒子要到南部玩。

## (二)習作解答參考

1. A本：

(1)填一填：水、茶。高山、書。

(2)疑問句練習：今天早上不一樣嗎？

2. B本：

(1)造詞接龍：味道　道路　路上　上學　學生
中午　午飯　飯菜　菜包　包子
天亮　亮燈　燈光　光明　明白

(2)標點符號練習：

①爸爸說：「兒子，我們一起喝茶好嗎？」

②你喜歡喝茶還是喝可樂？

## (三)補充資料

### 查查字典：有趣的字

1. 虫—三個虫加起來，變成（蟲）。
2. 火—三個火加起來，變成（焱）。
3. 水—三個水加起來，變成（淼）。
4. 日—三個日加起來，變成（晶）。
5. 金—三個金加起來，變成（鑫）。
6. 木—三個木加起來，變成（森）。
7. 口—三個口加起來，變成（品）。
8. 車—三個車加起來，變成（轟）。

## 第二課 青蛙唱歌

# 一、聆聽與說話

## (一)語文遊戲：夏天的聲音

目的：提醒小朋友能注意生活中的各種聲音，也可以練習模仿，增加生活趣味。

老師提問：夏天會聽到什麼聲音？

1.鼓勵每個小朋友說話，並能把聲音模仿出來。（如冷氣、蚊子、蒼蠅、麻雀、賣冰淇淋的聲音等。）

2.老師帶頭，一群小朋友跟在後頭，一邊走一邊聽老師說話。夏天來了，天氣好熱，吹吹冷氣最好（這時模仿冷氣機的小朋友，要發出冷氣的聲音）。晚上睡覺時，最怕蚊子了（模仿蚊子的小朋友，要發出蚊子嗯嗯的聲音）。

3.如果模仿錯誤的小朋友，就走出隊伍，由其他小朋友繼續表演。

## (二)看圖說話

老師引導小朋友觀察課文內的情境圖，在師生一問一答中，達到「看一看、想一想、說一說」的基本能力。

1.圖中有幾隻青蛙？

2.從圖中可以看到或感受到夏天來了嗎？

3. 從圖中可以看到唱歌的青蛙嗎？一共有幾隻？

### (三) 概覽課文

1. 小朋友先自行閱讀課文。
2. 老師先範讀課文一遍。
3. 老師領讀課文一遍。
4. 小朋友以分組讀、齊讀、輪流讀或個別讀方式進行。
5. 小朋友試說大意。

## 二、閱讀與識字

### (一) 提出詞語

1. 小朋友提出本課詞語，教師補充並將所有詞語書寫在黑板上。
2. 教師範念，並指導小朋友容易念錯的音，小朋友可以全體念、分組念或個別念。

### (二) 詞義教學

1. **已來到**：已經來了。造句說明：冬天已來到，天氣變冷了。
2. **青蛙**：用圖片或實物說明。種類很多，能游在水裡，後肢發達，善於跳躍。吃害蟲，能幫助農作物，

卵生，幼蟲叫蝌蚪。

3. **嘓**：青蛙的叫聲或吞下食物的聲音。本文中「嘓嘓」的發音跟「哥哥」相近，所以特此把青蛙的叫聲轉化為叫「哥哥」的聲音。
4. **跳呀跳**：用動作示意，同時可以區分「跳」和「跑」有什麼不一樣。
5. **大聲**：發出很大的聲音，可以請小朋友用動作示意，大聲和小聲的不同。
6. **第一隻**：指排在最前面的。老師可以用東西排列的順序來說明，也可以請小朋友上臺數一數。
7. **美麗**：漂亮、好看的意思。造句說明：姐姐長得很美麗。
8. **草裡**：在草裡面。造句說明：草裡住了許多小蟲。
9. **蟲**：昆蟲的總稱。大蟲是指老虎，小蟲是指一些小型的昆蟲，如螞蟻、紡織娘等。

## ㈢字形教學

1. **習寫字：以食指書空練習，也可以讓小朋友上臺練習。**

| | |
|---|---|
| 第（竹）部 | 隻（隹）部 |
| 蛙（虫）部 | 麗（鹿）部 |
| 已（已）部 | 蟲（虫）部 |
| 跳（足）部 | 底（广）部 |
| 聲（耳）部 | 幾（幺）部 |
| 嘓（口）部 | |

# 三、閱讀與寫作

## (一) 內容深究

引導小朋友回答問題。

1. 什麼季節，青蛙會喜歡唱歌？
2. 哪幾隻青蛙唱的歌是押ㄛ韻？
3. 哪幾隻青蛙唱的歌是押ㄜ韻？
4. 小蟲聽了青蛙的歌聲，為什麼以為青蛙有許多哥哥？
5. 你在哪裡看過青蛙？
6. 你覺得青蛙的歌聲好聽嗎？為什麼？

## (二) 練習朗讀課文

1. 全文分段押韻，請指導小朋友讀出節奏感。
2. 每隻青蛙由不同的小朋友扮演，讀出不同的聲調。
3. 讓小朋友有機會上臺念或分組表演。

## (三) 形式深究（僅供教師參考）

1. 章法

(1)本課是一首詩歌。押了ㄠ、ㄛ、ㄜ三個韻。讀起來有節奏感，再加上是一種聲音的摹寫練習，小朋友容易朗讀，也容易仿作。

(2)研討課文分段大意及全文大意

**分段大意**：本課是一首詩歌，內容的發展可以分為三段：

第一段：夏天到，青蛙嘓嘓的唱歌。

第二段：三隻青蛙唱歌的情形。

第三段：小蟲聽歌的感想。

**全文大意**：夏天到了，青蛙嘓嘓的唱歌。草裡的小蟲聽了，以為青蛙有許多哥哥。

(3)結構分析

**青蛙唱歌**
- 時間：夏天。
- 動作：唱歌。
- 唱歌情形
  - 第一隻青蛙唱：嘓嘓，夏天有美麗的花朵。
  - 第二隻青蛙唱：嘓嘓，夏天有好吃的水果。
  - 第三隻青蛙唱：嘓嘓！夏天有好喝的可樂。
- 聽眾：小蟲。

(4)主旨：能做自己喜歡做的事，是一件愉快的事。

2. 句子練習

(1) 誰做什麼事？
原文：青蛙嘓嘓叫。
練習：小狗汪汪叫。

(2) ……到底……
原文：他們的哥哥到底有幾個？
練習：昨天，你到底有沒有去上學？

(3) 詞語練習
①名詞＋名詞
原文：（他們）的（哥哥）
練習：（老師）的（兒子）
②名詞＋動詞
原文：（青蛙）（唱）
練習：（孩子）（笑）
③形容詞＋名詞
原文：（好吃）的（水果）
練習：（好玩）的（玩具）

# 四、教學資料庫

## (一) 語文活動解答參考

1. 第十二頁：弟弟哈哈笑。
   有幾天？

## (二) 習作解答參考

1. A本：
   (1)替換語詞：1.好看的花兒；2.很熱的夏天；3.好吵的聲音；4.好吃的香瓜，5.好玩的玩具。
   (2)填入合適的量詞：1.一隻；2.一斤；3.一首；4.一個；5.一群、一棵；6.一句。
2. B本：
   (1)填一填：可愛的，好吃的，蛋糕；圓圓的，皮球；好喝的，可樂。
   (2)加進句子：1.好吃的；2.好玩的；3.好聽的；4.好看的；5.好熱的。

## (三) 補充資料

**摹聲修辭的練習。**

1. 跟大自然有關的聲音：

小溪嘩啦嘩啦的流
風兒呼呼的吹
雨淅瀝淅瀝的下
雷聲轟隆轟隆的響

2.跟動物有關的聲音：
小鳥吱吱叫
小狗汪汪叫
老虎吼吼叫
小貓喵喵叫
小羊咩咩叫

3.跟人有關的聲音：
妹妹嘻嘻的笑
姊姊哈哈的笑
小孩嗚嗚的哭

## 第三課 夏天誰最紅

# 一、聆聽與說話

### (一) 語文遊戲：夏天誰最紅

目的：在角色扮演中，能模仿別人，進而關心別人。

老師問小朋友夏天裡最紅的（包括人或物）是誰？

1. 讓小朋友分組討論，然後推選一名小朋友扮演最紅的人。
（有的小組扮演賣冰淇淋的人，有的小組扮演冷氣機，有的小組扮演游泳池……）
2. 全組小朋友通力合作，製作簡單道具，共同寫出要說的臺詞。
3. 上臺表演的小朋友，口齒要清晰，說得有條理。
（如扮演冰淇淋的老闆大聲說：「我是一家冰店的老闆，我賣的冰，有小朋友最愛吃的芒果冰、紅豆冰，在熱熱的天氣裡，吃一碗紅豆冰或一球冰淇淋，會使小朋友涼快一下喔！」）
4. 每一組小朋友都能自由發揮，集體創作，然後上臺表演。
5. 臺下的小朋友，要注意聆聽，同時思考別人說話的內容。
6. 最後由老師或小朋友講評，引起大家在遊戲當中，來關心這篇課文，並有意願學習。

### (二) 看圖說話

老師讓小朋友觀察課本內的情境圖，可以分組討論，也可以在師生共同討論中，使小朋友達到「聆聽、說話、思考」的基本能力。

1. 在圖中，你看到哪些人物？
2. 太陽公公住在哪裡？
3. 蟬兒在哪裡大聲唱？
4. 冷氣哥哥可能住在哪裡？

### (三) 概覽課文

1. 小朋友再把課文情境圖看一遍。
2. 小朋友默讀課文。
3. 教師領讀課文。
4. 小朋友試讀課文。（齊讀、分組讀、個別讀）
5. 小朋友試說大意。

## 二、閱讀與識字

### (一) 提出詞語

1. 小朋友共同提出本課詞語，教師補充並將所有詞語書寫在黑板上。

2. 教師一邊範念一邊糾正小朋友的發音。小朋友可以分組讀或個別讀。

## (二) 詞義教學

**老師用各種示意法，讓小朋友了解語詞或句意。**

1. **誰**：什麼人？是問的口氣。造句說明：誰要幫老師拿本子？
2. **公公**：通稱年紀大的男性。課文中是把太陽擬人化。
3. **光芒**：閃亮四射的光線。造句說明：「太陽光芒四射，照著大地。」
4. **變得**：跟原來的不一樣。造句說明：一個寒假不見，他變得好胖。
5. **當然**：應當這樣的意思。造句說明：你想要成功，當然要努力。
6. **發出**：產生或放射的意思。造句說明：他突然發出好大的聲音，大家都嚇了一跳。
7. **熱呼呼**：形容冒著熱氣的意思。造句說明：熱呼呼的包子，我最喜歡吃了。
8. **蟬兒**：可以用圖片說明。是有吻類昆蟲，又叫「知了」，黑色，頭短身長，成蟲的生命在夏秋之間只有幾個星期。
9. **冷氣機**：可以用圖片說明。能調節空氣，使空氣在一定範圍內冷卻的機器。
10. **一點**：計時的單位，也可以指很少或一些。
11. **不怕**：勇敢的意思，是「很怕」的相反。造句說明：發生地震了，他一點都不怕。
12. **最紅**：「紅」是一種明顯且吉利的顏色，本文中的「紅」是指最有名氣或最有用的意思。

### (三) 字形教學

1. **習寫字：以食指書空練習，也可以讓小朋友上臺試寫。**

誰（言）部　呼（口）部
公（八）部　蟬（虫）部
當（田）部　氣（气）部
然（火）部　機（木）部
發（癶）部　點（黑）部
芒（艸）部　怕（心）部

2. **認讀字：**

最（冂）部　熱（火）部
光（儿）部　弟（弓）部

## 三、閱讀與寫作

### (一) 內容深究

引導小朋友回答問題。

1. 這篇文章是發生在什麼季節？
2. 這篇文章的主角有哪些？

3.這篇文章的開頭是用什麼方法開頭？

4.「是我，當然是我，我最紅了！」讀了這個句子，有什麼感覺？

5.讀了這一課，你覺得誰最紅？能說出理由嗎？

## (二) 練習朗讀課文

1.本課課文可用輪讀方式進行，讓小朋友讀得興致高昂。

2.問的部分由老師讀：「夏天來了，誰最紅？」回答的部分由小朋友一起讀：太陽公公說：「是我，當然是我，我最紅了！我一發出明亮的陽光，大地就變得熱呼呼的。」以此類推……

3.小朋友也可以輪流讀，如第一排問，第二排回答，男生問，女生回答，或女生問，男生回答。方式可多變化。

## (三) 形式深究（僅供教師參考）

1.章法

(1)本課課文體是一篇記敘文。每段開頭都用「問答法」，並把重點提示出來，然後引出對重點的說明，條理非常清楚，小朋友容易學習。

(2)研討課文分段大意及全文大意

分段大意：內容可以分為三段敘述：

第一段：太陽公公說——說自己在夏天的特長。

第二段：蟬兒弟弟說——說自己在夏天的重要。

第三段：冷氣機哥哥說——說自己在夏天，對人們的好處。

全文大意：夏天來了，太陽公公、蟬兒弟弟、冷氣機哥哥都說他們是夏天最紅的。

(3)結構分析

總說：夏天誰最紅？

**分說**

- 太陽公公說，他會發出明亮陽光，使大地熱呼呼。
- 蟬兒弟弟說，他大聲唱，夏天就來到。
- 冷氣機哥哥說，有了他，人們就不怕熱。

(4)主旨：能發現自己的特色，並跟別人分享。

2.句子練習

(1) 誰……在什麼地方……做什麼……會怎樣……

原文：我在枝頭大聲叫，夏天就來到。

練習：我在游泳池游泳，覺得很舒服。

(2) ……當然……

原文：太陽公公說：「夏天到了，當然是我最紅！」

①放暑假了，我當然要去外婆家玩。

②我喜歡喝牛奶，當然吃紅豆牛奶冰。

③我當然喜歡小叮噹，因為他有許多好玩的道具。

(3) 一……就……

原文：太陽公公說：「我一發出明亮的陽光，大地就變得熱呼呼的。」

①小弟說：「我一跑到馬路上，就會看到許多車子。」

②學生說：「我們一到夏天，就可以放假了。」

③媽媽說：「只要一到下午，我就想喝下午茶。」

(4) 疑問句

原文：夏天來了，誰最紅？

練習：今天，你要去上學嗎？

3. 詞語特色

(1) 疊字練習

原文：熱呼呼

練習：冷冰冰

氣呼呼

胖嘟嘟

瘦巴巴

# 四、教學資料庫

## (一) 語文活動解答參考

1. 第十七頁：夏天到了，我當然要去玩水。
　會很快樂。
2. 第十八頁：妹妹說一到夏天，她最喜歡吃西瓜。
3. 第十九頁：1.④，2.②，3.③，4.⑤，5.⑥，6.①。

## (二) 習作解答參考

1. A本：
(1)選一選：1.太陽；2.冷氣機；3.青蛙；4.麻雀。
(2)想一想：大樹說：「大地有了我，會變得好美麗。」
兒子說：「媽媽有了我，會變得好快樂。」

2. B本：
(1)比一比：（心，人）（害怕，大伯）；（人，木）（休息，樹林）；（黑，立）（點心，車站）；
（彳，目）（很熱，眼睛）。
(2)辭義比一比：×；○；×。

## (三) 補充資料

1.第一人稱和第三人稱的使用方法

①太陽公公說：「是我，當然是我，我最紅了！我一發出明亮的陽光，大地就變得熱呼呼的。」

（是太陽公公，當然是太陽公公，他最紅了！他一發出明亮的陽光，大地就變得熱呼呼的。）

②蟬兒弟弟說：「是我，當然是我，我最紅了！我在樹上大聲叫，夏天就來到。」

（是蟬兒弟弟，當然是蟬兒弟弟，他最紅了！他在樹上大聲叫，夏天就來到。）

③冷氣機哥哥說：「是我，當然是我，我最紅了！人們有了我，熱呼呼的夏天，一點都不怕。」

（是冷氣機哥哥，當然是冷氣機哥哥，他最紅了！人們有了他，熱呼呼的夏天，一點都不怕。）

# 總說

## 第二單元　有趣的對話

本單元是「有趣的對話」，共分三課。一課是「泡溫泉」，內容雖然是平鋪直述，但加進了對話，尤其是「雙關語」的應用，使一家人之間的談話充滿了樂趣。一課是「蜘蛛先生的網」，是敘述蜘蛛和蝴蝶之間的對話，蜘蛛的話中充滿「引誘」，而蝴蝶的話中充滿「智慧」，沒有上蜘蛛的網，如此才能全身而退。一課是「牛回家了」，敘述畫家與有錢人之間的對話。在對話中，有錢人小氣，畫家故意整他的情形，逐一浮現出來。

三課的主旨強調：說適當的話，說有趣的話，不僅可以增進人與人之間的感情，更可以化解一些不必要的誤解或危機，保障生命或財產的安全。希望兒童讀了此單元之後，能充實自己說話的內容和技巧，人際關係良好，成為說話高手。

## 四　泡溫泉

### 教材說明

1. 本課是一篇記敘文，敘述一家人在一起談「泡溫泉」的事。
2. 在比一比中強調出「得」的使用方法，通常「得」都排在「動詞」後面，再加上一些形容詞或成語。如他坐得很端正。「坐」是動詞，「很端正」是形容坐的情形。
3. 在語文活動中的說一說，對泡溫泉的情形，有了更進一步的說明。

### 教學重點

1. 文中用了雙關語，是說一個詞有兩種意思。如「泡湯」，一種意思是「泡溫泉」，另一種意思是「指事情沒有結果」。雙關語往往會使說話內容更有趣味性。
2. 練習「不管……都……」條件句的使用方式，增強寫作能力。
3. 習作B本中我會照樣寫，句型是「什麼時候…做什麼事…最有趣」。先讓兒童了解再仿作。

### 教學建議

1. 可以用「角色扮演」的方式，來朗讀課文，會有一種「身歷其境」的感覺，加深對內容的了解。
2. 有機會讓兒童去泡個溫泉，再來讀讀本課，讓兒童從課本中走出去，融入牛活當中，學習會更快樂。

## 五　蜘蛛先生的網

### 教材說明

1.本課是一篇記敘文，每段都用「對話」方式把重點提示出來，並提醒兒童要有危機意識，才能保護自己的安全。

2.課文中的「上網」，與語文活動中「說一說」的「上網」，意思不一樣，乃是「雙關語」的學習。一層意思是「上了蜘蛛的網」，另一層意思是「利用電腦查資料」，這種延伸學習，便能幫助兒童的語文能力。

### 教學重點

1.練習副詞加動詞，如：快樂的飛過來。

2.練習肯定句和否定句。如：蜘蛛會結網→蜘蛛不會飛。

3.句型的練習有「如果……就……」的假設句，「……因為……」的因果句，老師要先說明句型，再讓兒童練習。

### 教學建議

1.指導兒童上臺表演，有人演蜘蛛，有人演蝴蝶，如此一來，對話將更逼真、生動。

2.指導兒童上網查跟蜘蛛、蝴蝶有關的資料，讓兒童學到的能力能在生活中應用，進而幫助生活，這就給兒童「釣魚筆」的學習。

## 六　牛回家了

### 教材說明

1.本課文體是一篇記敘文，敘述畫家和有錢人之間發生的事情，對白幽默有趣，令人讀了會心一笑。

2.語文活動中「說一說」，內容與課文的寫作大綱相似，兒童容易說，也容易仿作。

3.習作中有單位量詞的學習，有些單位量詞不是那麼絕對的，如一隻狗、一條狗。一頭牛、一隻牛。

### 教學重點

1.指導兒童問句的練習。如：你送我一張畫好嗎？

2.指導兒童練習句型，有「……可是……」轉折句。所謂轉折句，就是前一個分句敘述一個意思，後一個分句不是順著意思說下來，而是轉向相反或相對的方向。

3.指導兒童學習主動句和被動句。

### 教學建議

1.習作B本中的造詞，由字組成詞語，老師可採用分組討論方式進行，使一些語文能力較差的兒童有信心。

2.「書」和「畫」、「那」和「哪」的區別在哪裡？老師要詳細說明。

3.「臉」是「肉部」，不要寫成「月」。

# 第四課 泡溫泉

## 一、聆聽與說話

### (一) 語文遊戲：冬天到，做什麼最好？

目的：用數來寶的方式練習說話，抓住語詞的韻律或節奏。老師請小朋友跟著念「冬天到，上課不遲到，做什麼最好？」

1. 指導小朋友順口背起來，並且能朗朗上口。
2. 老師念，也可以讓小朋友念，念完之後輪流請小朋友接著說話。有的小朋友說：「我認為躲在被窩裡最好。」有的小朋友說：「我認為玩雪、堆雪人最好。」
3. 讓每個小朋友都有說一說的機會，然後可以讓小朋友選出前三個認為最喜歡的活動。
4. 玩過遊戲，對冬天有個概念，再導入本課的學習，相信會引起小朋友濃厚的學習興趣。

### (二) 看圖說話

老師先讓小朋友閱讀，再觀察課文內的情境圖，可以分組討論，也可以在師生共同討論中，使小朋友達到「聆聽、說話、思考」的基本能力。

1. 是什麼時間，作者和家人坐在一起吃水果？
2. 爸爸說了什麼話？

3. 媽媽說什麼時候，泡湯的人會很多？

4. 作者跟大新約好做什麼事？

### (三) 概覽課文

1. 小朋友先安靜看一遍課文。
2. 老師範讀一遍課文。
3. 老師領讀課文。
4. 小朋友試讀一遍。（全體讀、分組讀、個別讀）
5. 小朋友試說大意。

## 二、閱讀與識字

### (一) 提出詞語

1. 小朋友共同提出詞語，教師補充並將所有詞語書寫在黑板上。
2. 教師一邊範念，一邊矯正小朋友發音。小朋友可以採分組念或個別念。

### (二) 詞義教學

老師利用卡片，在進行比對的過程中，讓小朋友認讀。並用各種示意法，讓小朋友了解句意。

1. **晚上**：夜間，就是白天的相反。造句說明：到了晚上，弟弟喜歡看卡通片。

2. **泡溫泉**：把身體泡在溫泉裡。可以用圖片說明。溫泉是從下湧出的熱水，溫度比湧出所在地的氣溫高，而能持久不變。日本人喜歡把泡溫泉，說是泡湯，「湯」乃「水」的意思。

3. **舒服**：身心愉快。造句說明：「夏天吹冷氣最舒服了。」

4. **假日**：放假或休息的日子。不是真的，如假山、假人（讀ㄐㄧㄚˇ）。

5. **失約**：沒照約定去做。造句說明：小華經常失約，一點信用也沒有。

6. **連忙**：急速的意思。造句說明：弟弟跌倒了，我連忙把他扶起來。

7. **玉米濃湯**：用玉米、蛋和奶油做成的湯。

8. **事**：人的所作所為，如事情。造句說明：到底發生了什麼事，使你那麼難過？

## (三) 字形教學

1. **習寫字：以食指書空練習，也可以讓小朋友上臺試寫。**

溫（水）部　事（亅）部
泉（水）部　連（辵）部
服（月）部　忙（心）部
湯（水）部　玉（玉）部
假（人）部　米（米）部
約（糸）部　濃（水）部

2. **認讀字：**

舒（舌）部　沒（水）部

意（心）部　失（大）部

管（竹）部

# 三、閱讀與寫作

## (一)內容深究

引導小朋友回答問題。

1. 泡溫泉也可以說是泡湯嗎？
2. 媽媽說什麼時候，泡湯的人會很多？
3. 作者說了什麼話？
4. 作者說了三次「泡湯」，意思上有什麼不同？
5. 妹妹怎麼會問哥哥，喝玉米濃湯的事會不會泡湯？
6. 你到過什麼地方泡溫泉？
7. 泡溫泉的感受或樂趣，你會說一說嗎？

## (二)練習朗讀課文

1. 課文的寫法平鋪直述，娓娓道來，朗讀時宜用自然清晰的調，緩緩的讀，尤其要注意段落之間的停頓。

2. 「泡溫泉不就是泡湯嗎？」「沒想到大新失約了，我們去泡湯的事就泡湯了。」這兩句朗讀時語調要特別重而強。

3. 「哥哥，明天你要請我喝玉米濃湯，會不會泡湯？」朗讀時加入有點擔心的語氣，會把內容完全表達出來。

## (三) 形式深究（僅供教師參考）

1. 章法

(1)本課是一篇記敘文，敘述一家人在一起談話的情形。談話當中，不僅有「主題」——泡溫泉，並且使用有兩種「詞意」的語詞，使內容更吸引人。

(2)研討課文分段大意及全文大意

分段大意：本課內容可以分為三段敘述：

第一段：晚飯後，家人坐在一起吃水果。

第二段：泡溫泉也可以說是泡湯，而泡湯還有另外一個意思，指事情沒有結果。

第三段：妹妹學會了用「泡湯」這個詞語。

全文大意：吃過晚飯，家人坐在一起談泡溫泉，也就是泡湯。妹妹問哥哥請她喝玉米濃湯的事會不會泡湯？

(3)結構分析

**泡溫泉**

- 時間：吃過晚飯。
- 地點：家裡。
- 人物：作者和家人。
- 經過情形
  - 爸爸談起天冷泡溫泉最好。
  - 媽媽說假日泡溫泉的人很多。
  - 作者談起和大新約好泡湯卻泡湯的事。
- 結果：妹妹學會了用「泡湯」這個詞語。

(4)主旨：家人常在一起談天，是一件很愉快的事。

2.句子練習

(1) 什麼時候……什麼人……做什麼事。

原文：有一天晚上，吃過晚飯，家人坐在一起吃水果。

練習：上課了，老師在黑板上寫字。

早上七點三十分，小朋友背著書包上學了。

(2) 一……就……

原文：一到假日，泡溫泉的人就很多。

練習：弟弟一回家，就先寫功課。

姊姊只要一進浴室，就會唱起歌來。

(3) 不管……都……

原文：我和大新約好，不管怎樣都要去泡湯。

林伯伯不管晴天或雨天，都到公園運動。

不管太陽有多大，我都會去游泳。

(4) ……不就是……

原文：泡溫泉不就是泡湯嗎？

冬天不就是吃火鍋天嗎？

比目魚不就是皇帝魚嗎？

3. 詞語練習

(1) 雙關語的練習（即一個詞有兩個詞意）

泡湯：一是泡溫泉，一是沒有結果。

造句說明：爸爸帶我們全家去泡湯，在半路上車子壞了，泡湯的事就泡湯了。

# 四、教學資料庫

## (一) 語文活動解答參考

1. 第二十三頁：小狗睡得最晚。

小朋友最開心。

2.第二十五頁：夏天到了，不就是玩水的好時機嗎？

爸爸不管有多忙，都會陪我下一盤棋。

## (二) 習作解答參考

1.A本：

⑴連一連：（天氣冷了——泡溫泉、過新年、玩雪人）（天氣熱了——吹冷氣、玩玩水、青蛙唱歌）。

⑵填字：1.的，得；2.的；3.的，的；4.得；5.得。

2.B本：

⑴造詞接龍：2.泉水；3.力氣，氣溫；4.天冷，冷水，水球；5.不要，要錢，錢包，包子。

⑵照樣寫：①下課了，吃吃東西最開心。

②天熱了，吹吹冷氣最舒服。

③放學了，打打球最好玩。

④冬天了，玩玩雪人最有趣。

## (三) 補充資料

1.用單位量詞寫短文

有一個假日，我和三個同學到公園玩。公園裡有一棵大的樹，樹上有一隻小鳥。突然一陣大風吹來，小鳥一不小心掉下去了，同時飄下三片葉子。小鳥哭了，眼淚一顆一顆的滴下來，因為牠掉了

兩根美麗的羽毛。

2. 雙關語的練習

(1)開心：一是心臟開刀，一是非常高興。

造句說明：外公做了「開心」手術很成功，大家都很「開心」。

(2)石門水庫：一是一個水庫名在桃園縣，一是指褲子前的拉鍊。

造句說明：哥哥去參觀石門水庫時，才發現他自己的「石門水庫」，竟然忘了拉上來。

(3)豆腐：一是可以吃的，用黃豆做的，一是指占別人便宜。

造句說明：姐姐去買豆腐時，被一個男生吃豆腐，姐姐趕快跑回家。

(4)竹筍炒肉絲：一是一種菜名，一是挨打的意思。

造句說明：我是喜歡吃媽媽的拿手好菜竹筍炒肉絲，但我不乖時，媽媽給我吃的竹筍炒肉絲很難受啊！

# 第五課 蜘蛛先生的網

## 一、聆聽與說話

### (一)語文遊戲：蜘蛛捉蝴蝶

目的：讓小朋友在角色扮演中，認識蜘蛛和蝴蝶的習性。

1.老師可以當蜘蛛，小朋友當各種顏色的蝴蝶，而且在教室裡飛來飛去。

2.老師說：「黃蝴蝶，請到我的網上休息好嗎？」當黃蝴蝶的小朋友可以按自己的意願說話：「好極了，我飛累了，正要上你的網休息一下。」或：「謝謝你，我要告訴大家，春天已經來了。」

3.老師也可以選幾個說話清楚、流利的小朋友當蜘蛛。最好讓小朋友都有機會扮演蜘蛛或蝴蝶，引導他們讀這一課教材的興趣。

4.在玩遊戲當中，老師要隨時注意小朋友的說話和思考能力。

### (二)看圖說話

老師先讓小朋友閱讀課文之後，在仔細觀察課文內的情境圖片，可以用分組討論的方式，也可以在師生一問一答當中，達到「聆聽、說話、思考」的語文能力。

1.圖中的蜘蛛在哪裡結網？

2.蜘蛛結的網，看起來像什麼？

3. 蝴蝶要告訴大家春天來了的心情，你能說一說嗎？

4. 圖中的蝴蝶在忙些什麼？

### (三) 概覽課文

1. 老師先範讀課文一遍。

2. 小朋友分組試讀。

3. 讀熟之後，插進對話練習，使朗讀時更加活潑有趣。

4. 概覽課文時，遇到生字新詞，可以事先查查辭典。

## 二、閱讀與識字

### (一) 提出詞語

1. 小朋友共同提出詞語，老師補充並將所有詞語寫在黑板上。

2. 教師範念之後，再領念，並矯正小朋友發音。小朋友可以全體念、個別念或分組念。

### (二) 詞義教學

1. **中央**：中間和四周地方都等長的地方，用繪圖示意，也可以問小朋友：「臉的中央是什麼？」。造句說明：「在公園的中央，有一棵大樹。」

2. **等著**：造句說明：「中午，他等著媽媽送便當來。」

3. **食物**：可以吃的東西。舉例說明：雞、鴨、魚、肉、蔬菜、果實等。

4. **歡迎**：歡喜迎接的意思。用動作示意，以熱烈掌聲歡迎新同學。

5. **飛累**：飛行得很疲倦了。

6. **休息**：歇一下，不工作了。造句說明：明天是放假日，我要在家裡休息。

7. **如果**：假若，是假設複句的關連詞。造句說明：「如果春天來了，許多花兒都會開放。」

8. **完**：終了，如完結。把事情做好了，如完成。造句說明：我寫完了功課，就可以出去打球。

9. **蝴蝶**：動物名，昆蟲類，喜歡在百花中飛舞。可用圖片說明。

10. **蜘蛛**：動物名，節足動物真蜘蛛類，能吐絲結網，結網捕捉飛蟲。可用圖片說明。

11. **網**：捕捉魚、鳥、獸的用具，如張網。造句說明：蜘蛛結的網有許多形狀。

## (三) 字形教學

1. **習寫字：以食指書空練習，也可以讓小朋友上臺試寫。**

網（糸）部　生（生）部

央（大）部　累（糸）部

等（竹）部　休（人）部

食（食）部　息（心）部

飛（飛）部　如（女）部

2. **認讀字：**

迎（辵）部　能（肉）部
先（儿）部　完（宀）部
時（日）部　因（口）部
消（水）部　成（戈）部
為（火）部　趕（走）部

# 三、閱讀與寫作

## (一) 內容深究

**老師提出一些問題，引導小朋友回答。**

1. 蜘蛛請蝴蝶上牠的網休息一下，是好意嗎？
2. 「為什麼？」是蜘蛛回答蝴蝶的話，你能聽出什麼嗎？
3. 蝴蝶說完話，為什麼要趕快飛走了？
4. 蝴蝶如果上了蜘蛛的網休息，會發生什麼事？
5. 讀了本文，你喜歡蜘蛛，還是蝴蝶？能說一說原因嗎？
6. 你會說一說跟蜘蛛有關的故事嗎？

## (二) 練習朗讀課文

1. 本課課文可用戲劇表演方式進行，讓小朋友能利用角色扮演來朗讀課文。
2. 可以用分組的方式，讓小朋友扮演蜘蛛、蝴蝶，輪誦，間用獨誦、齊誦等方式朗讀課文。
3. 在朗讀時，可稍做誇張性的處理，並配上表情動作，增加課文的活潑性。

## (三) 形式深究（僅供教師參考）

1. 章法

(1)本課是一篇記敘文。每段都用「對話方式」，把重點提示出來，然後引出對重點的說明，提醒小朋友要有危機意識，才能保護自己的安全。

(2)研討課文分段大意及全文大意

分段大意：內容可以分為三段敘述：

第一段：蜘蛛在樹上結了一個網。

第二段：蜘蛛邀請蝴蝶上蛛網休息。

第三段：聰明的蝴蝶知道不能上蛛網，不然就變成蜘蛛的食物。

全文大意：蜘蛛在樹上結了個網，請蝴蝶到他家休息，聰明的蝴蝶知道不能上蛛網，趕快飛走了。

(3)結構分析

**蜘蛛先生的網**

- 時間：一大早。
- 動作：蜘蛛結網，蝴蝶快樂的唱著歌飛舞。
- 說話內容
  - 蜘蛛說：「蝴蝶小姐早，歡迎到我家來。」
  - 蝴蝶說：「我不能到你家休息，我要告訴大家春天來了。」
- 結尾：蝴蝶不上蜘蛛的網，趕快飛走了。

(4)主旨：要有危機意識，才能保護自己。

2.句子練習

(1) ……連忙……

①上課了，我連忙進教室。

②晚上十點了，弟弟連忙上床睡覺。

(2) ……變成……

①他力求上進，變成一個很有學問的人。

②哥哥希望神仙把他變成一隻老虎。

(3) ……如果……

①如果天氣變冷了，我就要去吃熱湯圓。

②如果你想去玩水，八仙樂園是個好地方。

(4) ……因爲……

①他今天沒來上學，是因為生病了。

②弟弟沒寫功課，是因為他跑去打球。

(5)否定句練習

①哦！不！蜘蛛先生，我很忙，我要去告訴大家春天來了。

②哦！不！蜘蛛先生，如果我上了你的網，我就會變成你的食物。

3. 詞語練習

(1)副詞＋動詞

①快樂的飛過來了。

②難過的哭起來了。

③高興的跳起來了。

④生氣的跑走了。

## 四、教學資料庫

### (一)語文活動解答參考

1. 第二十九頁：不喜歡。不會。
2. 第三十頁：小明受傷了，我連忙帶他去健康中心。

一條手帕變成一朵花，你會嗎？

3.第三十一頁：如果你不準時，我就不等你了。
他因為出國旅遊，所以請了一星期的假。

## ㈡習作解答參考

1.A本：
⑴寫詞語：老師；爸爸喝著茶；洗了衣服；真美妙。
⑵替換詞語：②皮球；③又小又輕，背包；④畫家，畫了，又紅又香，水果；⑤爸爸，吃了，又黑又小，李子。

2.B本：
⑴寫一寫：①網、結、累；②唱、叫、告；③好、如、姐；④滿、消；⑤連、迎、過。
⑵擴句練習：蜘蛛在樹上結網；我們拍手歡迎新同學；妹妹唱歌，妹妹上臺唱歌。

## ㈢補充資料

1.「一」的成語練習

一日千里　一目十行
一言不合　一毛不拔
一葉知秋　一刀兩斷
一字千金　一飯千金

# 第六課 牛回家了

## 一、聆聽與說話

### (一)語文遊戲：小牛吃草

目的：老師指導小朋友玩「小牛吃草」的遊戲，讓他們認識牛和草，引起學習本課的興趣。

1.以分組方式，全班小朋友表演，一人當牛，其餘的小朋友當草。
2.當牛的小朋友用手帕蒙住眼睛，而當草的小朋友圍成一個大圓圈。
3.遊戲一開始，當牛的小朋友喊著：「草在哪裡？草在哪裡？」其中一名小朋友回答著：「草在這裡！草在這裡！」
4.當牛的小朋友循著聲音找，被找到的草，站在一旁，看看當牛的小朋友能不能把所有的草通通吃光。

### (二)看圖說話

老師讓小朋友觀察課本內的情境圖，可以分組討論，也可以在師生共同討論中，使小朋友達到「聆聽、說話、思考」的基本能力。

1.在圖中，你看到哪些人物？
2.有錢人是畫家的什麼人？
3.有錢人向畫家要什麼東西？

4. 畫家到底送有錢人一張怎樣的畫？

### (三) 概覽課文

1. 小朋友再把課文情境圖看一遍。
2. 小朋友默讀課文。
3. 教師領讀課文。
4. 小朋友試讀課文。（齊讀、分組讀、個別讀）
5. 小朋友試說大意。

## 二、閱讀與識字

### (一) 提出詞語

1. 小朋友共同提出本課詞語，教師補充說明並將所有詞語書寫在黑板上。
2. 教師範念之後，再領念，並矯正發音。小朋友可以全體念、分組念、個別念。

### (二) 詞義教學

**老師用各種示意法，讓小朋友了解詞語或句意。**

1. **有錢人**：很有錢的人。造句說明：小明有大房子和車子，可以說是個有錢人。

2. **捨不得**：愛惜不忍丟掉。造句說明：奶奶送我一盒巧克力，我捨不得吃。
3. **位**：所在的地方，如地位。量詞的一種，如一位、各位。
4. **送**：把禮物給別人，如送禮。陪著走路，如我生病了，老師送我回家。
5. **頭**：身體的一部分，如眉頭、牛頭。事情的開端，如「萬事起頭難」、「做事不要有頭無尾」。
6. **畫家**：很會畫畫，而把畫畫當成主要工作的人。造句說明：我喜歡畫畫，長大以後想當畫家。
7. **被**：受的意思，如「草被牛吃掉了」、「衣服被雨淋濕了」。主動的相反，受外力的影響而發生的動作，如被動。
8. **掉**：落，如掉雨點。遺失，如我的錢掉了。
9. **聽**：用耳朵接受聲音，如聽話。等候，如聽一聽再做。
10. **卻**：意思轉折的用詞，如他說今天上課不說話，卻又說個不停。
11. **舒服**：身體和精神都很愉快。造句說明：爬到山頂上，一陣陣微風吹來，我覺得好舒服。
12. **紅著臉**：不好意思或害羞。造句說明：弟弟上台表演完畢，紅著臉走下來。
13. **臉**：面部。老師指著自己的臉說：「我今天洗臉了。」造句說明：妹妹有一張笑嘻嘻的臉，所以很討人喜歡。

## (三) 字形教學

1. **習寫字：以食指書空練習，也可以讓小朋友上臺試寫。**

   非（非）部　　張（弓）部

錢（金）部　被（衣）部
捨（手）部　掉（手）部
塊（土）部　就（尢）部
位（人）部　舒（舌）部
畫（田）部　臉（肉）部
送（辵）部

2. **認讀字：**

常（巾）部　答（竹）部
知（口）部　把（手）部

# 三、閱讀與寫作

## ㈠ 內容深究

**老師提出一些問題，引導小朋友回答問題。**

1. 有錢人向朋友畫家要一張畫，而不給錢，你有什麼看法？
2. 畫家為什麼要送有錢人一幅空白的畫呢？
3. 課文中的畫家，到底畫了一幅怎麼樣的畫？
4. 「草被牛吃掉了，」「牛吃完了草就回家了，」這兩句話有什麼含意？

5.為什麼本課題目叫做「牛回家了」？

6.你參觀過什麼畫展，能說一說嗎？

## (二)練習朗讀課文

1.朗讀課文時，可用說故事的語氣，亦可加上角色（有錢人、畫家）扮演的方式，以表現出故事的趣味。

2.在說明情境部分，宜用平穩的語氣。在對話及動作部分，則可依不同的角色特徵，稍作誇張式的表演，並配上表情動作，增加課文的趣味性。如：「草在哪裡？」「草被牛吃掉了。」「牛在哪裡？」「牛吃完了草，就回家了。」

3.最後一句「有錢人聽了點點頭，心裡卻很不舒服，紅著臉走開了。」要以緩慢的語氣來讀，把有錢人的心情——占不到便宜的懊惱表達出來。

## (三)形式深究（僅供教師參考）

1.章法

(1)本課文體是一篇記敘文，敘述畫家和有錢人之間有趣的對白。有錢人小氣，畫家故意「整」他的情形。

(2)研討課文分段大意及全文大意

分段大意：內容可以分為三段敘述：

第一段：一個有錢人要他的畫家朋友要一張畫。

第二段：畫家說明「牛回家了」這張畫的情形。

第三段：有錢人聽了畫家的說明，紅著臉走開了。

全文大意：捨不得花錢的有錢人，向畫家朋友要一張畫，畫家送他一張「牛回家了」的畫，等於是一張空白的畫。

(3)結構分析

**牛回家了**
- 起因：有錢人向畫家要一張畫。
- 經過：畫家畫了「牛回家了」這張畫，並向有錢人說明。
- 結果：有錢人明白畫的內容是一片空白，心裡不舒服，紅著臉走開了。

(4)主旨：想要有所得，必須要付出。

2.句子練習

(1) 誰……在做什麼？

原文：我畫了一頭牛在吃草。

練習：我畫了一隻蜘蛛在結網。

原文：牛吃完了草，就回家了。

練習：弟弟寫完功課，就去看電視了。

(2) ……可是……

原文：他非常有錢，可是捨不得花一塊錢。

練習：他長得又瘦又小，可是食量很大，一餐要吃三碗飯。

(3) ……只好……

原文：這位畫家只好送有錢人一張畫了。

練習：他不想吃飯，只好自己煮麵吃。

3. 主動句和被動句

(1)原文：我吃了一塊糖。

練習：一塊糖被我吃了。

(2)原文：風吹著樹葉。

練習：樹葉被風吹著。

(3)原文：一隻狗追著弟弟。

練習：弟弟被一隻狗追著。

4. 「不」字的成語

不見天日　不落人後

不翼而飛　不識時務

不相上下　不約而同

不慌不忙　不知不覺

5. 「不」字接第四聲，如：變、胖、瘦，讀「ㄅㄨˊ」，其餘讀「ㄅㄨˋ」。

「不」字接第四聲字時要讀「ㄅㄨˊ」，如：不變、不胖、不瘦，均是四聲字，所以與「不」字相接，

「不」要讀「二聲」。其餘讀「ㄅㄨˋ」，如：不好、不能、不懂。

# 四、教學資料庫

## (一) 語文活動解答參考

1. 第三十六頁：一本，書；一個，洋娃娃；一隻，小狗。
2. 第三十七頁：沒有好節日；被弟弟喝光了。

## (二) 習作解答參考

1. A本：

(1) 正確量詞：一片；一隻；一本；一頭；一行。

(2) 比一比：一個球被貓追著；紅花被風吹著；牛奶被媽媽喝完了。

2. B本：

(1) 造詞練習：①送錢、錢包、包子；②半天、天氣、氣球；③朋友、友人、人家。

(2) 填詞：1.跳跳腳；2.點點頭；3.拍拍手；4.跳跳腳；5.點點頭。

## (三) 補充資料：猜謎語

1. 圓圓的，拍得越用力，它就跳得越高——猜一玩具（皮球）。

2.合起來可以當枴杖，打開時好像一朵花，晴天或雨天，都會用到它——猜一日常用具（雨傘）。

3.細細長長的，兩頭尖尖的，牙縫被塞住，就得請它來幫忙——猜一日常用具（牙籤）。

4.小小珍珠真可愛，可惜不能頭上戴，白的紅的滋味好，婚慶喜事不可少——猜一節慶食物（湯圓）。

5.身體大嘴巴小，沒腳要人提，冷時不說話，熱時呼呼叫——猜一日常用具（茶壺）。

# 總說

## 第二單元 過節

本單元利用「賀卡」、「紅包」、「拜年」三種過年的傳統習俗，導引兒童進入一個溫馨、趣味的生活經驗。在這些經驗中，小朋友可實際操作，有真實的感受；同時也利用這些活動，增進人際關係。小朋友，讀這些文章，除了可以深刻體認中國文化中除舊佈新，捐棄前嫌的精神，還可以讓兒童明白農業社會，初一要探訪春天，相互問好；初二要回娘家的習俗。

在結構上，「做賀年卡」，強調了製作的過程，也特別處理作文或說話中的「條理」問題。於是，安排了「先」、「再」、「最後」的文章，並且在語文活動中反覆練習。在「紅包」這一課，強調的是賀年卡實際內容的格式與寫法。對兒童而言，是一個很實用的學習方式。在習作中，也安排了寫賀卡的練習。「陽光來拜年」這一課，把中國人拜年的習俗，藉由擬人化的詩歌來表達，簡單又豐富的詮釋出習俗的過程與精神。擬人化的句子，在「做賀年卡」時，已經出現過一次。賀卡像五色的彩鳥，帶著人的祝福，到處飛揚。到了「拜年」，擬人化的陽光，更是發揮得淋漓盡致，跟著想像的翅膀，你可以瞭解到中國人的生活習俗。

在這一個單元中，語文活動放進了「先」、「再」、「最後」的作文章法，以及利用部首查辭典，利用注音查辭典，表示學了二年的華文，可開始做簡單的查辭典及作文的功課練習。在習作中，還有利用「亡」、「良」等字根衍生的新字、新詞，提供小朋友認識中國文字發展的脈絡，協助他們大量、快速學習文字。

## 七 做賀年卡

### 教材說明

1. 本課文體是記敘文。文章共分三個段落，從為什麼要寄賀卡，到賀卡的製作方式，到賀卡的傳送，文章輕快流暢、溫馨美麗，讀起來有韻味，引發兒童製卡的興趣。
2. 課文中「先」、「再」、「最後」的條理敘述，是作者最想要兒童學會的語文技巧，教師可以多提醒兒童，並強化此能力。

### 教學重點

1. 從反複的課文活動練習，可讓兒童學會利用「先」、「再」、「最後」來說話或寫文章。
2. 本課的詞語「貼上」、「畫上」、「寫上」以及未寫出的「寄上」，都是使用頻率極高的詞語，由這些詞語引伸出的句子，當然也是很好的練習句。
3. 在習作A本有一個詞語接龍。過年→年底→底下……，基本上是一些習寫過生字的循環使用，老師也可以讓學生口頭發表。
4. 習作A本中，把同一個字，同一個讀音，但因詞語的演變，使得詞義完全不同。作者利用一句話的語境，來幫助孩子大量認識詞彙。
5. 習作B本中，教導小朋友「先」、「再」、「最後」的詞彙，訓練小朋友有條理的說話。

### 教學建議

1. 語文遊戲：卡片秀，是一種說和演示的練習。學生平時不太會說話，可藉由實物豐富語境和語彙，值得練習。
2. 比喻句，是語文中極生動的寫作技巧，老師可提醒學生想清楚為什麼賀卡要比喻成鳥，也讓學生學習比喻句。

## 八 紅包

**教材說明**

1. 本課文體是記敘文。文章以第一人稱記敘安安對紅包的心情，從期待到絕望到意外驚喜的心情。文章敘述安安情緒的起伏，也帶動文章的情節發展的高潮。老師送小朋友一元，有中國成語：「一元復始，萬象更新」的意義。一個新的希望在小孩的心中點燃火種。
2. 本課最重要的是要小朋友學習寫簡單的賀卡或謝卡。

**教學重點**

1. 文章的結構分為四段，第一段是平鋪直敘自己拿不到紅包的原因。第二段轉折成自己拿到紅包了。第三段承接第二段，敘述紅包的內容。最後做一個結語。
2. 在句子練習方面，有：「常常」、「開始」、「忽然」三個句型。
3. 在說話練習方面，也以紅包的多寡，設計一個趣味的對話。數字的趣味在一張、兩張、五六十張。每一個數字，都跑出新奇的、創意的想法，也造成高潮起伏。
4. 詞語方面，語文活動將動作的詞語重複後，動作會變得比較輕、慢、悠閒，讀起來也有這個味道。在習作中也介紹由亡衍生的字，如「芒」草、「忘」記、「茫茫」、「妄」想、流「氓」，都有「逃亡」、「失去」、「看不清楚」的意思。
5. 本課也複習舊生字，重組一些數量的詞語，一包、一口、一群、一張、一對、一匹、一面，並且從語境中讓學生容易理解。

**教學建議**

1. 語文遊戲中的動作詞語是複習舊教材，從動作到語言，可以給孩子更高的興趣，請多加利用。
2. 生日卡、賀卡、謝卡可多寫，也可用說和表演的方式，鼓勵學生多利用。

## 九 陽光來拜年

**教材說明**

1. 本課的文體是詩歌。用擬人化的方式，趣味的把中國人過年的習俗，簡單又明白的敘述。
2. 陽光可以照進屋子的每一個角落，所以作者用詩歌的方式，把屋子內配置的使用空間一一說出，使枯燥的「空間」詞語，頓時變得趣味活潑，作者的巧思讓孩子學語文，從語言的層次提昇到文學的層次。
3. 在押韻方面，並不嚴謹，前半段押「ㄠ」韻，下半段轉押「ㄢ」韻。但也讓詩有一種自然美。

**教學重點**

1. 本課的結構分成二段，第一段是初一的活動，第二段是初二的活動，無論是哪一種活動，都用陽光來穿引。第一段是作者靜態的觀察，到第二段作者跳到文中展現兒童快樂的追逐遊戲。
2. 句子使用「……和……一起」複句。
3. 在查詞典方面，本單元是「利用注音找詞語」，老師可以引導兒童做一些查詞典的比賽或練習。
4. 在語文活動中說話練習，主題是過年吃的食物，和食物代表的意義。吃年糕、水餃是中國大陸的習俗，是歐洲吃牛奶粥，臺灣的尾牙吃雞時，雞頭對準哪一個員工，那一個員工就會被開除，這也是一種趣味。
5. 詞語方面，在習作B本介紹了比如：比畫、比賽、比一比，都是複習舊生字連結新經驗。

**教學建議**

1. 習作B本有房子的平面圖，也可以讓學生也仿畫一張自家的平面圖，並加以介紹。例如：我家有二間臥室，二間浴室，還有一間餐廳、一間書房、一間客廳，以及前後陽臺。

# 第七課 做賀年卡

## 一、聆聽與說話

### (一)語文遊戲：卡片秀

1.請小朋友收集自己或家人最喜歡的卡片。（耶誕、感恩、生日、邀請卡）

2.邀請收集者上臺報告。報告的重點：

①製作、形狀、繪圖的特殊性。

②來源、意義的特殊性。

③念出卡片的祝福、想念、問候的話，或特殊俏皮的內容。

3.參加報告者給予獎勵。

### (二)看圖說話

**以提問方式，引導兒童觀察課文情境圖，引導兒童用完整的話回答。**

1.耶誕節時你做過耶誕卡嗎？

2.耶誕卡和賀年卡有什麼不同？

3.你怎麼做耶誕卡？

4.圖中的小朋友做的賀年卡有什麼內容？

5.賀年卡做完了，要寫什麼話？

### (三)概覽課文

1.學生安靜看一遍課文。
2.教師範讀一遍課文。
3.教師領讀課文。
4.兒童試讀課文（齊讀、分組讀、個別讀、輪流讀幾句都可），另外可以讓二人一組，依文中的兩個角色對念。
5.兒童試說大意。

## 二、閱讀與識字

### (一)提出詞語

1.兒童舉手提出本課詞語，教師補充並將所有詞語書寫在黑板上。
2.教師範念後，再領念並矯正發音，兒童可全體念、分組念、個別念。

### (二)詞義教學

1.**賀年卡**：過年時送給別人問好的卡片。猜字謎：加倍寶貝你。（答：賀）猜字謎：上下合。（答：

卡）

2. **一張**：以實物示意。例如：一張紙、一張卡片。ㄓㄤ在中國人的姓氏中有二種。通常自我介紹是會說我姓張，弓長張。或我姓章，立早章。

3. **遠方**：住在離自己不近的地方。用繪圖、例句示意。例如：小明的家離學校很近，小華的家離學校很遠。

4. **先**：時間或次序在前面。用動作、例句示意。你先走，我後走。猜字謎：怪怪牛，沒尾巴，二條腿。（答：先）

5. **對摺**：把一種東西，從某一邊折成一半。用衣服、報紙來對摺示意。

6. **淡淡的**：淺淺的；輕輕的。可用粉筆在黑板上繪圖示意，淡淡的和濃濃的、重重的相反。

7. **粉彩紙**：一種淺色、彩色的紙。可用實物示例。猜字謎：分一些米給人。（答：粉）

8. **貼上**：把薄片的東西黏在另一個東西上面。以動作、句子示意。例貼紙貼上去，貼郵票。

9. **寫上**：在某種東西上用工具把字或物表示出來。老師以動作、例句示意。例如：我用粉筆寫字。

10. **想念**：很想對方。猜字謎：今生今世一心愛你。（答：念）

11. **祝福**：希望別人平安幸福。

12. **五色的彩鳥**：羽毛有五種顏色的鳥。五色鳥，羽毛有五種顏色。又叫「花和尚」。因為牠叫起來的聲音叩叩叩，像和尚在念經敲木魚的聲音。

## (三) 字形教學

## 三、閱讀與寫作

### ㈠ 內容深究

引導兒童就課文內容回答問題。

1. 習寫字：以食指書空練習，也可以讓小朋友上臺試寫。

做（人）部　紙（糸）部
賀（貝）部　金（金）部
卡（卜）部　寫（宀）部
遠（辵）部　念（心）部
方（方）部　祝（示）部
淡（水）部　語（言）部
粉（米）部　色（色）部

2. 認讀字：

摺（手）部　福（示）部
彩（彡）部　帶（巾）部
貼（貝）部

3. 紙和底有所不同。紙是氏（ㄕˋ）聲。底是氏（ㄉㄧˇ）聲。氏，多一小橫畫。

1. 賀年卡是什麼時候寄出去？
2. 賀年卡要送給誰？
3. 課文中的賀年卡製作，先做什麼事？
4. 課文中的賀年卡製作，再做什麼事？
5. 課文中的賀年卡製作，最後做什麼事？
6. 為什麼將賀年卡比喻成五色的彩鳥？
（因為寄遠方，有時用車子，有時用飛機，我們感覺到它一下子就到了，好像鳥飛一樣。）
7. 你做過賀年卡嗎？怎麼做？

## (二) 練習朗讀課文

1. 老師領念課文。
2. 指定小朋友念、分組念。
3. 鼓勵小朋友回家念給家人聽或是和家人一起念，並給予機會上臺念給大家聽。

## (三) 形式深究（僅供教師參考）

1. 章法
(1) 本課的文體是記敘文。作者把賀卡的製作、傳送有順序的寫出，帶來了人與人關懷的情意。
(2) 研討課文分段大意及全文大意

**分段大意**：第一段：過年要寄賀卡給遠方的朋友。

第二段：賀卡的製作。

第三段：賀卡的傳送。

**全文大意**：做一張賀年卡送遠方的朋友，用粉彩紙貼小花、畫金魚，寫上想念祝福的話，最後寄給朋友。

(3)結構分析

**做賀年卡**
- 總——第一段——要做一張賀年卡送朋友。
- 分——第二段
  - 先摺紙，貼小花、畫魚。
  - 再寫祝福的話。
- 總——第三段——把賀年卡寄送出去。

(4)主旨：製作賀卡，寄送賀卡給朋友，是一件富有情意的事。

2.句子練習

(1) ……先……再……最後……

先對摺淡黃的卡紙，再貼上綠綠的耶誕樹，最後畫上可愛的雪人。

(2) 句子延伸

①從鳥，延伸到……

大白天，一隻紅鳥在綠綠的樹上快樂的唱歌。

②從蝴蝶，延伸到……

陽光下，一隻黑蝴蝶在美麗的花朵上快樂的跳舞。

(3)詞語

習作A本(一)：同字同音不同義

①白小姐。大白天。白衣服。

②打電話。一打。打開。

③念出。想念。

④對山。一對。對著。

⑤聞花香。看新聞。聞一知十。

# 四、教學資料庫

## (一)語文活動解答參考

1.第四十一頁：綠綠、樹；可愛。

## (二)習作解答參考

1.A本：

(1)寫一寫：過，底，底，雪，雪，草，草，先，先，歌，歌，愛，愛，花，花朵。

2.B本：

(1)試一試：水；在；放在。

## (三) 補充資料

1. 賀年卡有人說是一八四三年英國人亨利首創的。其實在五百多年前的明朝就有賀年片，叫做「片子」。所以中國的賀年片早亨利三百多年。通常耶誕節過後就是元旦，再過來就是中國的農曆過年。所以在中國賀年卡包括了這三個節日的祝福。
2. 在中間填上粉一字，可形成很多詞語。

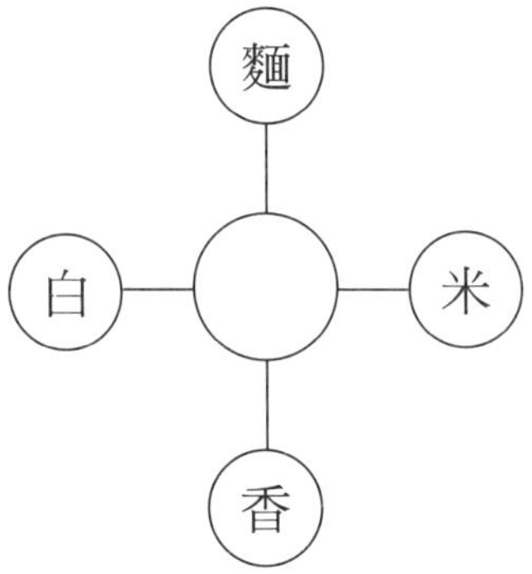


3. 古人說：「人在福中不知福。」表示這個人不會珍惜自己已經有的好事。
4. 有一年冬天。英國名作家蕭伯納到上海訪問林語堂。幽默大師林語堂說：「這些天一直下大風雪，您真是好福氣，一到上海就看到太陽。」蕭伯納說：「是太陽有福氣吧！能在上海見到我。」
5. 猜謎語：今天的心思（答案：念）。
6. 紙的右邊是氏（ㄕˋ）。和氏有關的字，如姓「氏」（ㄕˋ），神祇（ㄑㄧˊ）。氏的下面加一橫為「氐」（ㄉㄧˇ），和氐有關的字，如「抵」（ㄉㄧˇ）抗、「砥」（ㄉㄧˇ）「勵」、杯「底」（ㄉㄧˇ）、高「低」（ㄉㄧ）。

# 第八課 紅包

## 一、聆聽與說話

### (一) 語文遊戲：中國功夫

1. 老師準備十餘張動作詞語卡。
2. 請二、三位小朋友自願上臺表演詞卡之動作。一名同學持卡，答對，即張貼於黑板。
3. 小朋友表演畢，讓全班同學起立搶答。答對最多的即是中國功夫優勝者，老師給予獎勵。
4. 詞卡內容：飛進。對摺。貼上。寫上。散步。澆花。畫畫。聽歌。泡湯。大叫。喝茶。賽跑。散步。

### (二) 看圖說話

**以提問方式，引導兒童觀察課文情境圖，引導兒童用完整的話回答。**

1. 老師要送什麼東西給小朋友？
2. 什麼樣的小朋友可以得到紅包？
3. 你拿過紅包嗎？你的心情怎樣？
4. 賀卡是給誰的？
5. 賀卡的內容是什麼？

### (三) 概覽課文

1. 學生安靜看一遍課文。
2. 教師範讀一遍課文。
3. 教師領讀課文。
4. 兒童試讀課文（齊讀、分組讀、個別讀、輪流讀幾句都可），另外可以讓二人一組，依文中的兩個角色對念。
5. 兒童試說大意。

## 二、閱讀與識字

### (一) 提出詞語

1. 兒童舉手提出本課詞語，教師補充並將所有詞語書寫在黑板上。
2. 教師範念後，再領念並矯正發音，兒童可全體念、分組念、個別念。

### (二) 詞義教學

1. **最近**：這一些日子。用例句示意。最近我常常肚子餓，因為我常運動。最近，除了指時間的接近，也可以指距離的接近。例如：最近她坐到我旁邊，所以離我最近。
2. **老師**：教學生學東西的人。

3. **用心**：做事專心。用例句示意：他用心聽課。他用心寫字。
4. **念錯**：讀出來的音不對。錯，不對的意思。
5. **忘記**：事情沒記住。猜字謎：忙得心躺下來。（答：忘）

笑話：弟弟告訴媽媽：上次哥哥罵他。媽媽說：「過去的事，不要放在心上，忘記吧！」過幾天，弟弟吵著要去動物園。媽媽說：「上個星期不是才去過，怎麼又要去了呢？」弟弟說：「你不是教過我，過去的事不要放在心上嗎？」

6. **功課**：老師要學生回去寫的練習。
7. **一堂**：一節的意思。是單位詞。猜字謎：和尚站在泥地上。（答：堂）
8. **開始**：進行一件事。例句示意。他開始寫功課。
9. **忽然**：事情發生讓人想不到。用例句示意。他在家看電視，爸爸忽然回來。
10. **順心**：合自己的心意。猜字謎：三頁紙（答：順）
11. **裡面**：用例句示意。例如：書包裡面。衣服裡面。

## (三) 字形教學

1. **習寫字：以食指書空練習，也可以讓小朋友上臺試寫。**

近（辵）部　忽（心）部

常（巾）部　面（面）部

用（用）部　努（力）部

放（攴）部　力（力）部
忘（心）部　順（頁）部
功（力）部　收（攴）部
始（女）部

2. **認讀字：**
錯（金）部　定（宀）部
破（石）部　堂（土）部
盆（皿）部

3. 忽然的「忽」，很容易和匆忙的「匆」相混。

# 三、閱讀與寫作

## (一)內容深究

**引導兒童就課文內容回答問題。**

1. 什麼樣的小朋友才能得到老師的紅包？
2. 紅包是什麼？有什麼用意？
3. 安安為什麼覺得自己拿不到紅包？
4. 老師開始發紅包時，安安在做什麼？

5. 安安接到紅包的心情怎樣？
6. 紅包裡面有什麼東西？
7. 為什麼只有一元？（一元復始，萬象更新）
8. 卡片寫些什麼？
9. 你最心愛的東西是什麼？下次請帶來。
10. 你拿過紅包嗎？是誰給的？裡面有什麼東西？

## (二) 練習朗讀課文

1. 老師領念課文。
2. 指定小朋友念、分組念。
3. 鼓勵小朋友回家念給家人聽或是和家人一起念，並給予機會上臺念給大家聽。

## (三) 形式深究（僅供教師參考）

1. 章法

(1)本課的文體是記敘文。記敘安安對紅包的心情，從期待到絕望到意外驚喜的心情。

(2)研討課文分段大意及全文大意

分段大意：第一段：安安以為自己拿不到紅包。

第二段：安安得到紅包很開心。

第三段：紅包的內容。

全文大意：安安以為自己的表現不好，拿不到老師送的紅包。但是在最後一堂課，老師卻給安安紅包。他非常開心。打開來看，裡面有一元，還有一些鼓勵安安的話。

(3)結構分析

**紅包**
- 先說——第一段——老師要發紅包，安安認為自己拿不到。
- 再說
  - 第二段——安安得到老師的紅包。
  - 第三段——紅包的內容。
- 最後說——結語，這是安安這一年最好的禮物。

(4)主旨：用一個舊的習俗，給孩子新的鼓勵與希望，是老師的用心處。

(5)寫賀卡的方式：參考語文活動。

2.句子練習

(1) 常常……

媽媽常常說我是個貼心的好小孩。

(2) ……開始……

天空開始出現一道彩虹。

(3) ……忽然……

草原上忽然跑來一匹馬。

3. 詞語

習作中介紹和亡相關的詞語，亡字，本來是人躲起來的意思，但擴大的意思就有「失去」，「看不清楚」的含意。芒草。很忙。忘記。茫茫。流氓。妄想。

# 四、教學資料庫

## (一)語文活動解答參考

1. 第四十七頁：寫寫；發發；聞聞；抓抓；打打；散散；爬爬；泡泡。

當動作詞重複時，動作會變得比較輕、慢、悠閒，讀起來也有這個味道。

## (二)習作解答參考

1. A本：

(1)寫一寫：我常常忘記收東西。

妹妹開始學走路。

爸爸忽然回家，我連忙去開門。

2. B本：

(1)選詞語：1.③；2.④；3.⑤；4.⑦；5.⑥；6.①；7.②。

(2)寫賀卡：

親愛的媽媽：

　　您常常帶我去玩，又陪我做功課。我真愛您。您生日到了，我要

祝福您

生日快樂，順心美麗。

女兒　小英敬賀

五月五日

提醒小朋友，如果寫給長輩要用敬賀。你要用您。

## (二) 補充資料

1. 字加字時，位置不一樣，有時意思是相同的，有時卻不一樣。

(1) 忙——忙人　　怡——怡然自得。

忘——忘記　　怠——怠惰。

（以上不一樣）

(2) 山：峯、峰　　一：羣、群　　牛羊

（以上一樣）

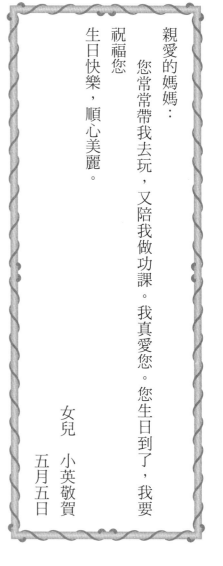

# 第九課 陽光來拜年

## 一、聆聽與說話

### (一)語文遊戲：我最心愛的東西

1. 請小朋友將自己最珍貴的收藏介紹給大家。
2. 帶著自己最珍貴的東西上臺，東西其實也可以包括是人、寵物、物品。
3. 先說和「它」認識結緣的開始，再說相處的情形，最後說未來的期望。
4. 鼓勵上臺報告者。

### (二)看圖說話

1. 翻開習作，可以先讓兒童認識屋子的平面圖。
2. 老師可以問：這是什麼？這是客廳。
3. 整個屋子的平面圖都清楚了，再看課本的情境圖。
4. 小朋友在做什麼？
5. 圖裡的天氣好嗎？
6. 你到過人家家裡拜年嗎？
7. 到人家家裡拜年，你們都在做什麼？

### (三) 概覽課文

1. 學生安靜看一遍課文。
2. 教師範讀一遍課文。
3. 教師領讀課文。
4. 兒童試讀課文（齊讀、分組讀、個別讀、輪流讀幾句都可），另外可以讓二人一組，依文中的兩個角色對念。
5. 兒童試說大意。

## 二、閱讀與識字

### (一) 提出詞語

1. 兒童舉手提出本課詞語，教師補充並將所有詞語書寫在黑板上。
2. 教師範念後，再領念並矯正發音，兒童可全體念、分組念、個別念。

### (二) 詞義教學

1. **大年**：新年的意思。中國人很重視新年，常用大年替代。
2. **初一**：一個月的第一天。猜字謎：用剪刀做衣裳。（答：初）

3. **拜年**：中國人在新年到別人家去賀平安。俏皮話：黃鼠狼給雞拜年——沒安好心。

4. **客廳**：在家中招待客人的地方。

5. **臥室**：家中睡覺休息的地方。

6. **廚房**：家中煮飯的地方。

7. **直誇**：「誇」是說好的意思。一直的，不停的讚美的意思。

8. **娘家**：女子嫁到夫家，原來父母的家就叫娘家。也就是媽媽的媽媽的家；外婆的家。以前的人也喊媽媽叫「娘」。

9. **表弟**：親戚家的小孩，比自己小的男生稱表弟。

10. **追著**：從後面跟著跑。

11. **花園**：種花草、樹木的地方。猜字謎：袁先生被包圍了。（答：園）

12. **庭院**：房屋前的空地。

13. **比跳遠**：比一比，誰的身體向前向上跳，跳得長或跳得高。

## (三) 字形教學

1. **習寫字：以食指書空練習，也可以讓小朋友上臺試寫。**

拜（手）部　誇（言）部

初（衣）部　表（衣）部

廳（广）部　追（辵）部

2. **認讀字：**

臥（臣）部　園（囗）部

室（宀）部　庭（广）部

還（辵）部　院（阜）部

直（目）部　比（比）部

廚（广）部　娘（女）部

糕（米）部

## 三、閱讀與寫作

### （一）內容深究

**引導兒童就課文內容回答問題。**

1. 大年初一是什麼時候？
2. 陽光會拜年嗎？
3. 陽光來拜年，表示什麼意思？
4. 陽光照在哪裡？
5. 年糕的味道怎麼樣？你吃過嗎？
6. 到底是誰認為年糕的味道好？

7. 大年初二天氣好嗎？你怎麼知道？
8. 表弟和作者在做什麼？
9. 你有表兄弟姊妹嗎？你們在一起玩什麼？

## (二) 練習朗讀課文

1. 老師領念課文。
2. 指定小朋友念、分組念。
3. 鼓勵小朋友回家念給家人聽或是和家人一起念，並給予機會上臺念給大家聽。

## (三) 形式深究（僅供教師參考）

1. 章法

(1) 本課的文體是詩歌。作者用陽光來拜年，以俏皮的擬人的方式，敘述過年時好天氣，在家裡到處走走，和表弟玩的愉快情形。

(2) 研討課文分段大意及全文大意

分段大意：第一段：大年初一在家的情形。
第二段：大年初二和媽媽回娘家的情形。

全文大意：過年時天氣很好。初一，在家裡悠閒的走一走，吃吃年糕。初二，和媽媽一起回娘家。和表弟追著玩，爬樹比跳遠。

(3)結構分析

**陽光來拜年**
- 初一——靜態。作者隱藏在文字後。
- 初二——動態。作者跳到文字前。

(4)主旨：過新年，天氣大好，小孩享受過年的休閒樂趣。

2.句子練習

(1) 淡淡的……

淡淡的月亮。

淡淡的笑一笑。

(2) 快樂的……

快樂的小金魚。

快樂的媽媽。

(3) ……和……一起……

我和表弟一起去拜年。

(4) ……看誰……

我們來抓魚，看誰抓得多。

(5) ……比……

樓房比平房高。

(6) 還到……

我在學校玩，還到公園玩。

3. 詞語練習

①習作A本有室內平面圖，可學到室內設備的詞語。

②文字樹，可學到以良為字根的詞語。

# 四、教學資料庫

## (一)語文活動解答參考

1. 學習使用辭典，本單元是利用注音來找詞語。

## (二)習作解答參考

1. A本：

(1)寫一寫：

①我和媽媽一起看電視。

②我們來跳遠，看誰跳得遠。

③哥哥比弟弟會做家事。

2. B本：

⑴填一填：

## ㈡補充資料

1. 比，。是個會意字。兩個人在一起，就有靠近、連接的意思。所以我們說「比鄰而居」「天涯若比鄰」。用比做聲音的形聲字，有「批」評的批、「枇」杷的枇、「琵」琶的琵。
2. 北，，是兩個人相背，因為被借去當東西南北的北，因此加「月」，變成「背」字。
3. 此，，會意字。由此衍生的字：「雌」雄的雌、瑕「疵」的疵。

# 總說

## 第四單元　不一樣的日子

本單元「不一樣的日子」，作用先從「安安的一天」是難過的一天說起，再由難過而轉變為快樂的一天——「上街」，最後用「小熊散步」來陳述充實的一天。不管是難過、快樂或充實的過日子，人都是主角，有自主性，可以決定自己的生活。換句話說，快樂是自己找的，痛苦也是自己找的；工作和休息適度安排，可以融為充實的日子。在閱讀本單元，可以引導孩子去思考這個問題。

在結構方面，三課都是記敘文，都是「情節的敘述」。「安安的一天」，衝突不斷的升起，痛苦指數愈來愈高。「上街」事件的敘述，由衝突點走下來，平鋪直敘的直線，卻閃動著跳躍的音符。「小熊散步」，事件的情節很悠閒，最為平淡，但內涵著智慧。

在語文活動中簡易作文的練習、形近字異的詞語辨別，有關球類的圖畫詞典、問句、敘述句的練習等等，都是利用同類的語文教材，讓孩子操作中認知到知識的系統結構，用此方法，幫助孩子習得語文能力。

## 十　安安的一天

### 教材說明

1. 本課是記敘文。作者以第一人稱的方式敘述小朋友在學校一天的生活。孩子的生活，遭遇挫折時，如何面對挫折，如何處理人際關係，透過課文的學習，孩子可以有討論對話的機會。
2. 本課可以多讓兒童討論自己的感受，以「同理心」理解別人的困難，以「幽默感」接受別人的嘲笑，以「大智慧」找出溫柔的對待別人的方法。

### 教學重點

1. 文章結構有四段，從第一段就開始敘述安安第一件不順利的事情，第二段文章向上發展，第三段推上高峰，第四段安安像洩氣的皮球，難過極了。
2. 在對話練習方面，延伸課文打球的內容，敘述一個小孩打球，總是接不到球，由小球變到大球，和文章的向上發展，最後戛然而止，有異曲同工之妙。
3. 在句子方面，特別做敘述句和問句的練習。問句除了一個特別的問號外，在相關的詞語有「誰」、「怎麼」、「為什麼」、「能不能」、「想不想」、「呢」、「嗎」。所以，在語文活動中，除了練習問號外，老師也可以用一個句子，例如：「安安在打球。」，讓學生試著改成問句，可改成十幾種是不成問題的。另外「像……一樣」是一個複句，可多讓小朋友做口頭練習。
4. 在詞語方面，皮是表面，有薄的意思，和皮有關的形聲字，如水的表面是「波」，叫ㄆㄛˊ的女人是「婆」，最外面的一種外套，叫「披」風，山的表面是「坡」，衣蓋在外的是「被」。
5. 和「生」有關的詞語在習作B本，生日、值日生、生魚、生命、生活、生字，都是結合舊字產生新詞，利用句子的語境幫助孩子學習。

## 十一　上街

### 教材說明

1. 本課的文體是記敘文。延續著上一篇，難過的一天，是不是有機會改變呢？「上街」是寫母親帶小孩的困境中轉變為歡喜的一天。文中敘述母親帶孩子上街，小孩天真好奇，童語童趣，讓母子改變心境成為快樂的一天。
2. 課文中「樹樹也在排隊」，說明了即使小孩，也會有擬人化的表現，小孩在想像力有很好的發展，可多讓孩子做聯想練習。

### 教學重點

1. 在結構方面，文分三段。一開始總說小弟弟在家吵鬧的情形，母子二人都不快樂。第二段，分說每一件在街上發生的事情，來證實孩子快樂的情形。第三段總說媽媽和弟弟過了快樂的一天。因為小孩快樂了，媽媽也會快樂。
2. 在說話練習方面，再次用母子的相處做教材，只是這一次媽媽似乎占了上風，不再給孩子予取予求。母子關係，多加一層幽默的感覺。語文活動中，也有簡易填詞作文的練習，老師也可請小朋友拿全家福照片做口頭練習。
3. 在句子方面，做了「……有……有……也有……」、「要……還是要……」二個並列複句的練習。
4. 在詞語方面，有一個延伸的學習，從「占」字衍生的「佔」有，「車站」、「沾濕」、「砧板」、「洗衣店」、「玷污」、「踮」腳尖的詞語。
5. 在同音形近的字，字義完全不同，也列出讓學生有機會辨別。

### 教學建議

1. 語文遊戲中問句的練習，不但可讓孩子練習寫一句話，還讓孩子動腦改為問句，練習的方式很有趣，可試之。

## 十二　小熊散步

### 教材說明

1. 本課的文體是記敘文，文筆輕盈，不斷的使用重疊句，使文章讀起來悠揚有韻味。
2. 文章敘述小熊的一天，題目雖然訂的是散步，但隱藏在後的是賞雲、看彩虹、抓魚、散步到睡覺一整天的事，這些事，使得一天變得很充實。

### 教學重點

1. 在結構方面，文章採取一種平舖直敘，閒閒淡淡的寫法，先寫看雲，再寫遇雨後的情形，最後寫小熊吃飽了安詳的睡著了。
2. 在說話練習方面，也延續著小熊，編了一段非常有情節的對話。小熊不喜自己的床，想要找一個更好的床。小鳥的床太高，蜘蛛的床太輕，青蛙的床在水中，每一個床都不適合小熊，只有山洞裡的床讓小熊既安全又溫暖。
3. 本課又介紹了驚嘆號，並有驚嘆號的練習。
4. 在句子的練習，有承接複句的練習。承接複句可以用「關連詞」，也可以不用，本篇中也呈現了「然後」、「於是」、「就」三個關連詞可以相通的特質。
5. 在識字中，習作特別安排了「好」、「空」、「要」、「著」四個字，有同字不同音的特性，特別用「語境」來讓兒童明白這些字變成詞語後的意義。
6. 在識字方面，有些字，形狀很接近，例如：「瓜」和「爪」，「氏」和「氐」，「侖」和「俞」，特別讓孩子做一個辨識練習。

### 教學建議

1. 在書寫方面，字很小，外形相似，都是方體字。如果用書法來寫，字就有很大的形狀區隔。在語文活動中「比一比」，讓孩子認識中國文字之美。

# 第十課 安安的一天

## 一、聆聽與說話

### (一) 語文遊戲：球球滾

1. 先翻到語文活動二，利用圖畫辭典，讓學生了解六種球類的說法。
2. 將全班同學分成六組，每一組選一種球類，並比出玩該球類的動作。例如：雙手投籃、雙手揮棒、腳踢球，兩手並拳把球敲上天空（排球）、單手執球拍掄空狀（羽毛球）、手往前推球。
3. 先指定一組開始：一邊口呼：「籃球玩，籃球玩，籃球玩完了足球玩。」一邊做出全身扭動的投籃動作。……
4. 不能立即反應的隊伍出局。
5. 獎勵最後的優勝者及動作逼真者。

### (二) 看圖說話

1. 圖中的小朋友叫什麼名字？
2. 安安爬在地上做什麼？
3. 老師對安安說了什麼？
4. 下課後，同學一起去做什麼？

5. 安安有沒有接到球？

6. 課文中的值日生是誰？

7. 值日生要做什麼工作？

### (三)概覽課文

1. 學生安靜看一遍課文。
2. 教師範讀一遍課文。
3. 教師領讀課文。
4. 兒童試讀課文（齊讀、分組讀、個別讀、輪流讀幾句都可），另外可以讓二人一組，依文中的兩個角色對念。
5. 兒童試說大意。

## 二、閱讀與識字

### (一)提出詞語

1. 兒童舉手提出本課詞語，教師補充並將所有詞語書寫在黑板上。
2. 教師範念後，再領念並矯正發音，兒童可全體念、分組念、個別念。

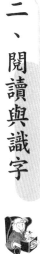

## (二) 詞義教學

1. **蛇**：用圖片示意。蛇，形聲字。从虫，它聲。它，小篆作，上面是蛇的頭，下面是身和彎曲的尾。它，原來就是蛇，後來的人加虫部，所以蛇是後起字。猜字謎：坐也是臥，立也是臥，行也是臥，臥也是臥——猜一種動物。（答：蛇）
2. **桌子**：用教室的實物示意。桌，形聲字。从木，卓省聲。卓有高的意思。桌子要高出地面，所以用卓做聲符。
3. **棒球**：用語文活動二之圖片示意。
4. **害**：變得不好。用例句：你害我輸球。本來我很好，因為你變得不好，輸了球。猜字謎：割球不用刀。（答：害）
5. **輸了球**：球類比賽時，被打敗了的。
6. **還**：能不能的意思。他還能做什麼？有二個意思。一個是不能的意思，是一個否定句，有看不起的意思。另一個是詢問句，問別人另外能做什麼？
7. **做**：用例句示意，例如：我用土做出魚來，我用土做出蛇來。
8. **放學**：上課可以回家時叫做放學。
9. **值日生**：每天輪流工作的人。猜字謎：人一個，真的少二隻腳。（答：值）
10. **沒有**：沒做到。無的意思。用例句示意：我沒有拿你的書。我沒有書。
11. **澆花**：用水灑在花上。繪一澆水器再加動作示意。猜字謎：水流到三堆土，沖走一塊錢。（答：澆）
12. **一盆**：用繪圖示意，是數量詞。例如：一盆花，一盆水。
13. **難過**：不好過；心裡不舒服的意思。難的相反詞是容易。

笑話：考試考完了，媽媽問兒子：「題目難不難？」兒子說：「題目不難，答案比較難。」

### (三)字形教學

**1.習寫字：以食指書空練習，也可以讓小朋友上臺試寫。**

筆（竹）部　害（宀）部

桌（木）部　輸（車）部

為（火）部　值（人）部

蛇（虫）部　因（囗）部

樣（木）部　把（手）部

棒（木）部　盆（皿）部

沒（水）部　破（石）部

**2.認讀字：**

澆（水）部　難（隹）部

## 三、閱讀與寫作

### (一)內容深究

引導兒童就課文內容回答問題。

1. 安安的筆掉了嗎？
2. 安安怎麼辦？
3. 同學為什麼叫安安是小蛇？
4. 安安和同學去做什麼？
5. 同學認為輸球是為什麼？
6. 安安為什麼沒澆花？
7. 花盆為什麼會被打破？
8. 對安安來說，今天是怎樣的一天？
9. 你有綽號嗎？你對你的綽號有什麼想法？
10. 你有難過的一天嗎？請說一說。
11. 如果你是安安的同學，你願意幫助他嗎？如何幫？

## (二) 練習朗讀課文

1. 老師領念課文。
2. 指定小朋友念、分組念。
3. 鼓勵小朋友回家念給家人聽或是和家人一起念，並給予機會上臺念給大家聽。

## (三) 形式深究（僅供教師參考）

1. 章法

(1)本課的文體是記敘文。作者以第一人稱的方式，敘述小朋友在學校的一天。文章貼近孩子的生活，孩子應有很深的感觸。

(2)研討課文分段大意及全文大意

分段大意：第一段：是說安安上課發生的事情。
第二段：是說安安下課時發生的事情。
第三段：是說安安放學前，在教室內發生的事情。
第四段：今天是安安難過的一天。

全文大意：安安上課時筆掉了，他爬下去找，被老師說是蛇在爬，同學就取笑他。下課時，他去打球，球沒接到，害大家輸了球。放學前他又打破老師的花。這一天真是安安難過的一天。

(3)結構分析

**安安的一天**
- 分說——上課的事情。
- 分說——下課的事情。
- 分說——放學前的事情。
- 總說——安安難過的一天。

2. 句子練習

(1)利用語文活動——圖畫辭典中，他們在玩什麼球？

他們在玩……

他們在玩羽毛球（足球、棒球……）

(2)利用語文活動——比一比敘述句和問句的不同。

(3)［……像……一樣……］

小安像小蛇一樣，在桌子下爬來爬去。

# 四、教學資料庫

## (一)語文活動解答參考

1.第六〇頁：？；？。

## (二)習作解答參考

1.A本：

(1)念一念：妹妹，的美麗；哥哥，小鳥；唱呀唱。

2.B本：

(1)寫一寫：幾個人？這個西瓜多少元？天為什麼會下雨？

(2)正確的詞：1.④，2.①，3.②，4.③，5.⑥，6.⑦，8.⑤。

# 第十一課 上街

## 一、聆聽與說話

### (一) 語文遊戲：誰是問話大王？

1. 準備與學生同數之紙條。發給每位學生寫一句敘述句。例如：青蛙在唱歌。再將紙條捲起來，收回，發給每一位同學。
2. 將全班學生分成若干組。
3. 第一組的第一位同學，打開紙條，念出敘述句，並改為問話句，即可請第二位續做此事。整組念畢，計算時間，時間最短者獲勝。

### (二) 看圖說話

以提問方式，引導兒童觀察課文情境圖，引導兒童用完整的話回答。

1. 媽媽帶弟弟去哪裡？
2. 街上有很多人在做什麼？
3. 什麼燈亮了不能走？
4. 什麼燈亮了才能走？
5. 街上有什麼店？

6. 弟弟上街快樂嗎？

### (三) 概覽課文

1. 學生安靜看一遍課文。
2. 教師範讀一遍課文。
3. 教師領讀課文。
4. 兒童試讀課文（齊讀、分組讀、個別讀、輪流讀幾句都可），另外可以讓二人一組，依文中的兩個角色對念。
5. 兒童試說大意。

## 二、閱讀與識字

### (一) 提出詞語

1. 兒童舉手提出本課詞語，教師補充並將所有詞語書寫在黑板上。
2. 教師範念後，再領念並矯正發音，兒童可全體念、分組念、個別念。

### (二) 詞義教學

1. **上街**：到街上去走一走。街：可用圖示意。通往東西南北的大路。

2. **弟弟**：同一個爸爸媽媽生，比自己小的男生。

3. **公共汽車**：大型的公共交通車。用圖示意。

4. **排隊**：用動作示意，請幾個小朋友上來，然後請他們排隊。

5. **十字路口**：二條馬路交叉的地方，可以繪圖或用圖片示意。

6. **紅燈亮**：紅色的燈發出光來。用圖片示意。

7. **書店**：賣書、文具的地方。

8. **麵包**：用圖片示意。

9. **蛋糕**：用圖片示意。

## ㈢字形教學

1. **習寫字：以食指書空練習，也可以讓小朋友上臺試寫。**

帶（巾）部　路（足）部

弟（弓）部　店（广）部

吵（口）部　麵（麥）部

隊（阜）部　蛋（虫）部

共（八）部　糕（米）部

車（車）部

# 三、閱讀與寫作

## (一) 內容深究

引導兒童就課文內容回答問題。

1. 媽媽為什麼要帶弟弟上街？
2. 媽媽怎麼回答弟弟的問題？
3. 你對「樹樹也在排隊」這句話有什麼想法？
4. 街上有什麼店？
5. 弟弟要去哪裡？
6. 弟弟想吃什麼東西？
7. 媽媽和弟弟這一天過得怎樣？
8. 你喜歡上街嗎？為什麼？
9. 你有過快樂的一天嗎？請你說一說快樂的情形。

## (二) 練習朗讀課文

1. 老師領念課文。
2. 指定小朋友念、分組念。

3. 鼓勵小朋友回家念給家人聽或是和家人一起念，並給予機會上臺念給大家聽。

## (三) 形式深究（僅供教師參考）

1. 章法

(1)本課的文體是記敘文。作者用一個媽媽和小男孩的事件寫出一個人從痛苦到快樂的情形，小弟弟說：「樹樹也在排隊。」童趣感人。

(2)研討課文分段大意及全文大意

分段大意：第一段：寫弟弟在家不停的吵。
第二段：寫弟弟在街上發生的事情。
第三段：說弟弟和媽媽很快樂。

全文大意：弟弟在家裡吵，媽媽只好帶他上街。弟弟上街喜歡發問，喜歡過馬路，喜歡吃蛋糕，媽媽和弟弟都很快樂。

(3)結構分析

**上街**
- 總說—第一段—弟弟在家不停的吵。
- 分說—第二段
  - 街上的人、車、樹。
  - 過馬路的情形。
  - 街上的商店。
- 總說—第三段—媽媽和弟弟過了快樂的一天。

(4)主旨：媽媽和兒子改變相處的方式，二個人都很快樂。快樂的回家時，母子會開心的說今天真快樂。所以，用一種活動來表示快樂的一天。

2.句子練習

(1) ……有……有……也有

街上有花店、書店，也有麵包店。

(2) ……要……還是要

妹妹要吃麵包還是要吃蛋糕。

3.詞語練習

(1)語文活動把同音不同義，且容易弄混的字提出說明。

一直——值日生。

坐著——做蛋糕。

女生——聲音。

公車——做工。

(2)利用字根「占」，製成文字樹，可閱讀下列語詞。

占卜。佔有。站長。沾濕。

砧板。

書店。踮腳尖。玷污。

# 四、教學資料庫

## (一)語文活動解答參考

1.語文活動第六十五頁：爸爸；媽媽；看書；喝茶；唱歌。

2.語文活動第六十六頁：書店；書、筆；綠樹、紅花、大屋頂；蘋果、梨子、栗子。

## (二)習作解答參考

1.A本：

(1)選一選：①都是；②還能；③汽車；④綠燈。

(2)念一念：你要去上課，還是要去泡溫泉。

2.B本：

(1)回答問題：1.6.打「∨」。

## (三)補充資料

1.猜字謎：丁先生離開涼亭，只剩下一個沒有桌面的茶几。(答：亮)

2.猜字謎：十三個人夕陽下面對面。(答：麵)

3.唱詩歌：弟弟是個小問號，提出問題真不少。山上為什麼長花草？魚兒為什麼水裡跑？鳥兒為什麼空

中飛？彩虹為什麼會出現？弟弟弟弟好好學，學會讀書就知了。

4. 笑一笑：在公共汽車上，安安把手伸出車窗外。一位老公公說：「弟弟乖，不可以把手伸出車窗外，這樣很危險」，安安說：「我是哥哥啦，弟弟在家沒出來。」

5. 共是，有合在一起的意思，用共為聲音的字，有「多」、「大」的意思。例如：洪水的洪、供奉的供、拱手的拱、鬧哄哄的哄、烘烤的烘。起鬨的鬨。

# 第十二課 小熊散步

## 一、聆聽與說話

### (一) 語文遊戲：猜猜我是誰

1.寫八張詞牌：白蛇、黑熊、彩虹、玉米、電視、可樂、蛋糕、棒球。
2.請自願猜一猜的小朋友八名。
3.在他的身後夾住詞卡。
4.由自願者發問，同學只能回答是或不是？
例如：夾住一張「白蛇」。發問者可以問：是吃的嗎？是動物嗎？有二隻腳嗎？有四隻腳嗎？會飛嗎？會爬嗎？是白色的嗎？——白蛇。

### (二) 看圖說話

1.小熊喜歡做什麼？
2.下雨了，小熊怎麼辦？
3.雨停了，天空出現了什麼？
4.小熊肚子餓了怎麼辦？
5.小熊最喜歡吃什麼魚？（鮭魚）

### (三) 概覽課文

1. 學生安靜看一遍課文。
2. 教師範讀一遍課文。
3. 教師領讀課文。
4. 兒童試讀課文（齊讀、分組讀、個別讀、輪流讀幾句都可），另外可以讓二人一組，依文中的兩個角色對念。
5. 兒童試說大意。

## 二、閱讀與識字

### (一) 提出詞語

1. 兒童舉手提出本課詞語，教師補充並將所有詞語書寫在黑板上。
2. 教師範念後，再領念並矯正發音，兒童可全體念、分組念、個別念。

### (二) 詞義教學

**老師用各種示意法，讓小朋友了解詞語或句意。**

1. **小熊**：以課本圖片示意。

2. **常常**：發生很多次。用例句示意：他常常去散步。猜字謎：和尚掛絲巾。（答：常）

3. **變厚**：可用對比的方式來示意。這本書比較厚。這件衣服比較厚。

4. **變黑**：可用教室現場的黑色示意：例黑頭髮。黑，[illegible]，上面是煙囪，下面一個火，火燒煙囪就會黑。這是個會意字。

5. **石洞**：大石頭內的洞。用繪圖示意。

6. **躲雨**：躲，可用動作示意。例：老師作勢丟一個球，或打人，另一個人就會躲起來。這裡是不會被雨淋。猜一猜：千條線，萬條線，掉到水裡都不見——猜一種自然現象。（答：雨）

7. **出現**：出來了的意思。現是露出來。看得見的意思。

8. **彩虹**：雨後常出現在天空，有七種顏色的虹。以圖示意。猜一猜：太陽公公本領強，天空當畫布，畫上一座大彩橋——猜自然現象。（答：彩虹）

9. **美麗**：漂亮的意思。例句示意：她很美麗，這朵花很美麗。

10. **餓了**：肚子空了，想吃東西。

11. **抓魚**：用手捉住魚。例句示意：抓頭髮。抓兔子。

12. **吃飽了**：餓和飽相反。肚子有東西，不餓了。

13. **散步**：到外面慢慢的走一走。用動作示意。

14. **聞花香**：聞，用動作示意，例聞衣服，聞手。香和臭相反。可用繪圖加動作示意。例如花很香，垃圾很臭。猜字謎：千字頭，木字腰，太陽從下照，人人都說好味道。（答：香）

15. **睡著了**：眼睛閉起來休息。用動作示意。

## (三) 字形教學

1. **習寫字：以食指書空練習，也可以讓小朋友上臺試寫。**

熊（火）部　現（玉）部
散（攴）部　彩（彡）部
步（止）部　虹（虫）部
厚（厂）部　抓（手）部
黑（黑）部　聞（耳）部
雨（雨）部　香（香）部
洞（水）部

2. **認讀字：**

躲（身）部　飽（食）部
餓（食）部　睡（目）部

3. 步，不可寫成步。可用字謎加強記憶。猜字謎：正字少一頭，少字少一點。（答：步）
4. 常、厚、步，都是長形的字。雨，是扁形的字。

# 三、閱讀與寫作

## (一) 內容深究

就課文內容，引導兒童回答問題。

1. 小熊怎樣看雲？
2. 下雨前，雲會有什麼變化？
3. 小熊在什麼地方躲雨？
4. 小熊到什麼地方去抓魚？
5. 小熊吃飽了，做了什麼事？
6. 「星星晚安，月亮晚安」是誰說的？（小熊，作者。）
7. 小熊最後怎麼了？
8. 你覺得小熊這一天過得怎樣？（很悠閒、很自在、很快樂、很充實、很幸福。）
9. 你有像小熊一樣的一天嗎？請說說看。

## (二) 練習朗讀課文

1. 老師領念課文
2. 指定小朋友念、分組念。
3. 鼓勵小朋友回家念給家人聽或是和家人一起念，並給予機會上臺念給大家聽。

## (三) 形式深究（僅供教師參考）

1. 章法

(1)本課的文體是記敘文。作者以第三者的敘事方式寫小熊悠閒的一天。用輕鬆的筆調，帶讀者進入一個美麗的自然世界。

(2)研討課文分段大意及全文大意

分段大意：第一段：小熊喜歡看雲，遇到雨天。
第二段：雨停了，小熊去抓魚。
第三段：小熊吃飽了，散步，坐在樹下休息。
第四段：小熊睡著了。

全文大意：小熊喜歡看雲。遇到雨天，就躲在洞裡躲雨。雨停了，小熊去抓魚，散步，聞花香，最後就睡著了。

(3)結構分析

**小熊的一天**
- 先說—小熊看雲，躲雨的情形。（白天）
- 再說（白天）
  - 小熊看彩虹、抓魚。
  - 散步，聞花香，休息。
- 最後說—小熊睡著了。—晚上

(4)主旨：作者寫小熊從白天到晚上悠閒美麗的一天，讓人也會喜歡美麗的自然世界。

2. 句子練習

(1) ……然後……

奶奶出去散步，走累了，然後坐在樹下睡著了。

(2) ……就……

老師吃完飯，就帶我們去草地上玩。

(3) ……於是……

他先走了，於是我自己一人回家。「然後」、「於是」「就」，是關聯詞語，可以連續動作或事件。

這樣的句子，叫「承接複句」，承接複句也可以不用關聯詞語。

3. 詞語練習

(1)用很多「了」來表示輕鬆、可愛。例如：

變厚了。變黑了。下起雨來了。

雲走了。雨停了。出來了。出現了。

餓了。吃飽了。

(2)用重疊動作的詞語，可以表輕鬆悠閒。

散散步，聞聞花香。

(3)重複的語詞使用。

星星晚安。月亮晚安。

(4)同字異音異義的字詞。

好奇、好聽。

沒空、空中。

要、要求。

等著、睡著。

# 四、教學資料庫

## (一) 語文活動解答參考

1. 第七十二頁：！：；！：；！。

## (二) 習作解答參考

1. A本：

(1) 比一比：①▯：常、了、片、耳、日、長。

②□：也、心、西。

③○：樂、變。

④△：上、山、六、尖、久。

⑤▽：下。

⑥◇：呑、恭、十。

⑦□：田、白。

(2) 比一比：開門、新聞、閃電、問好；高低、卡紙；輸了。

2. B本：

(1)回答問題：1.4.6.7.打「∨」。

## (三) 補充資料

1.「承接複句」的關聯詞語，表示句子先後的順序，但也可以省略。相關的詞語有「就」、「又」、「便」、「才」、「於是」、「然後」、「接著」、「繼而」、「終於」。

2. 熊的生活：

春天來了，樹木抽出嫩芽，熊爬上樹枝吃嫩芽。熊生長在森林或草叢裡，在春天、秋天之間，熊出外尋找食物。熊吃樹的嫩芽、竹葉。在秋天，果實成熟了，也是熊喜歡的食物。此外，熊更喜歡吃甜的蜂蜜；以及在山谷河中游泳，邊游邊抓蟹類、魚類來吃。到了冬天，熊會尋找入口狹隘，裡面卻很寬闊的洞穴。找到理想的洞穴，熊彎著背睡覺，直到春天為止。母熊也是在冬天生小寶寶，小寶寶靠吸吮母奶度過嚴冬。春天時，就跟著母熊走出洞穴。熊在秋季時，正是牠們捕捉鮭魚或鱒魚的季節。熊到河川中較淺的地方，用銳爪鈎上鱒魚或鮭魚，再咬到岸上來大快朵頤。

# Memo

# Memo

# Memo

MW00716075

國家圖書館出版品預行編目資料

(全新版)華語教學指引/蘇月英總主編.
-- 臺初版. --臺北縣新店市:流傳文化, 民93-
冊; 公分
ISBN 957-28700-9-2(第3冊:平裝)

1. 中國語言 - 讀本

802.85 93003023

# 【全新版】華語教學指引第三冊

總 主 編:蘇月英
編撰委員:蘇月英、李春霞、胡曉英、詹月現、蘇 蘭
吳建衛、夏婉雲、鄒敦怜、林麗麗、林麗眞
指導委員:信世昌、林雪芳
總 編 輯:張瀞文
責任編輯:李金瑛
插 畫:張河泉
封面設計:陳美霞
發 行 人:曾高燦
出版發行:流傳文化事業股份有限公司
地 址:臺北縣(231)新店市復興路43號4樓
電 話:(02)8667-6565
傳 眞:(02)2218-5221
郵撥帳號:19423296
http://www.ccbc.com.tw
E-mail:service@ccbc.com.tw
香港分公司◎集成圖書有限公司－香港皇后大道中283號聯威商業中心8字樓C室
TEL:(852)23886172-3 · FAX:(852)23886174
美國辦事處◎中華書局－135-29 Roosevelt Ave. Flushing, NY 11354 U.S.A.
TEL:(718)3533580 · FAX:(718)3533489
日本總經銷◎光儒堂－東京都千代田區神田神保町一丁目五六番地
TEL:(03)32914344 · FAX:(03)32914345

出版日期:西元2009年 4月臺初版五刷(50013)
印 刷:世新大學出版中心

分類號碼:802.85.010
ISBN 957-28700-9-2

定 價:110元